우주도 파는
셀러의 기술

우주도 파는

셀러의 기술

현직 쇼호스트의 비밀 과외!

스타트업·소상공인을 위한 '돈'기부여 셀러의 기술

박비주·서환희·육은혜 지음

우리는 이 책에서 "우주도 팔 수 있나"는 문장을 메인 카피로 사용하고 있다. 이 말이 의미하는 바는 "우주도 팔 수 있는 판매 기술을 장착해야만 치열한 경쟁이 벌어지고 있는 판매시장에서 살아남을 수 있다"는 현실의 반영이다. 그만큼 똑똑하고 까다로운 고객을 사이에 두고 치열한 각축전이 벌어지고 있는 것이 지금의 판매 현장이기 때문이다.

지구라는 거시적인 문명을 놓고 보자면, 우리가 상상할 수 있는 한계를 초월하여 발전하고, 급격한 변화의 흐름과 함께 해온 지도 이미 꽤 되었다. 4차산업시대로의 진입, ChatGPT 등 새롭게 등장하는 개념을 따라가는 것만으로도 숨이 가쁠 정도로 과학과 기술이 발전하고 사회, 경제적인 환경 또한 상전벽해다. 그렇다면, 이처럼 격렬한 변화가 이루어지는 와중에서 우리들, 상품과 서비스를 파는 '셀러'들은 어떻게 해야 살아남을 수 있을까?

일반적인 마케팅 및 판매전략으로 생존을 담보하기 어려워지고 있다는 건 주지의 사실이다. 지금까지 해왔던 세일즈 기술에 의지하고, 판매 환경에 안주해서는 살아남을 수 없는 시대. 이 거대한 흐름과 함께하는 효과적인 판매전략의 수립, 마케팅전략의 개발이 무엇보다 중요해지고 있다. 이미 출시된 제품의 매출과 이윤의 증대, 브랜드의 성장을 도모해야 함은 물론이고, 아직은 우리가 상상만 해왔던 혁신적인 신제품들의 판매 시장에 대한 가능성도 열어 두어야 한다. 즉 새로운 제품과 서비스는 계속해서 쏟아지고 있고 앞으로도 이런 추세는 점점 더 강해질 것이기 때문이다.

물론 아무리 새로운 제품과 서비스가 시장에 등장하게 된다고 해도 고객들의 구매심리를 바탕으로 하는 판매전략과 마케팅전략은 여전히 유효하다. 이와 같은 트렌드를 반영해 새롭게 열리는 시장을 이해하고 쉽게 적용할 수 있는 전략을 재구성해야만 하는 것 역시 분명하다. 다만 이것이 의미하는 바는, 상품이나 서비스 판매에 있어 무엇보다 중요한 것이 바로 고객의 구매심리를 어떻게 활용할 것인가에 있음을 인식해야 한다는 것이다.

이 책은 거대한 자본과 수많은 인재들을 확보하고 있는 대기업의 시점에서 벗어나 우리 주변에서 쉽게 만날 수 있는 경제단위인 소상공인, 무자본 혹은 소자본 창업자들을 대상으로 이야기를 풀어가고 있다. 즉 매출 부진으로 고민하면서도 자본과 인력의 열세로 마케팅에 자원을 투입할 수 없는 소상공인, 소자본 창업자들이 지금 당장 매출을 확 일으킬 수 있는 실제적인 판매 노하우를 통해 성공적인 비즈니스를 이끌어가는 데 도움을 주고자 하였다.

사실 서점에 가보면 학문적 지식을 바탕으로 기술되고 있는 마케팅 이론과 전략에 대해 다루고 있는 책들은 수도 없이 많다. 하지만 소자본 창업자 및 제품판매 부진으로 고민하는 소상공인들에게 현실적인 도움을 주는 책들은 만나기가 쉽지 않다.

이에 소상공인 온라인판매개척사업, 소상공인 판매개척 등 현장을 중심으로 교육을 진행해 왔던 필자들은 그동안의 노하우를 바탕으로 목마른 나그네에게 한 그릇의 냉수를 건네듯 이 책을 쓰고 싶었다. 우리를 둘러싸고 있는 세상은 한계 없이 바뀌고 진보해 가는데, 현실고객들의 니즈와 동떨어진 판매 기술과 전략으로 대응하며 고전하고 있는 모습을 자주 볼 수 있었기 때문이다.

이제는 단순히 고객의 시야에 상품을 노출하고, 가격을 낮춰 경쟁력을 확보하려는 것만으로 상품이나 서비스가 팔려나가는 시대는 지나갔다. 고객들의 니즈는 고객의 수만큼 다양해지고 또 구체화되고 있다.

이런 현실을 반영해 하나의 마케팅 핵심 문장을 쓴다면 "모두를 만족시키고자 한다면 아무도 만족시킬 수 없다." 정도가 될 것이다. 사실 마케팅 분야에서 일하고 있다면 모두 알고 있는 말일 것이다. 고객의 니즈를 조사하면서 평균적인 데이터를 맹신해서는 안 되는 이유이기도 하다.

소비자들은 자신만의 문제와 니즈에 맞는 최적화된 솔루션으로 찾고 있다. 오늘날의 소비자들은 직접 상품을 기획하고 소비하는 사람들이기 때문이다. 따라서 시대의 변화에 발맞추어 고객의 니즈를 파악하기 위해서는 구체적이어야 하고, 비슷한 욕구를 가지고 있는 고객들을 그룹으로 묶어 관리하는 노력도 필요하다.

우리는 이 책을 통해 앞에서 이야기했던 바와 같은 고객의 니즈를 이해하고, 대응하고, 적용하기 위한 고객중심적 섭근 방식에 대해 컨설팅하면서 셀러의 마인드 셋을 강조하고 싶었다. 그 핵심 메시지는 "셀러로서 이 새로운 판매 환경에서 살아남기 위해서는 소통력, 창의력 그리고 지속적인 학습과 발전이 필요하다"는 문장일 것이다. 또한 셀러로서 반드시 갖추어야 할 '효과적인 커뮤니케이션과 협상 능력'에 대해서도 강조하고 싶다. 고객들과의 긍정적인 상호작용을 유지하고 발전시기 위해서는 반드시 갖춰야 할 요소기 때문이다. 따라서 독자들이 이와 같은 점을 보완할 수 있도록 필자들이 쇼호스트로 활동하면서 나름대로 구축했던 말하기 시스템과 훈련법 등을 소개하는 한편으로, 온라인 상품 셀러, 소상공인, 판매 관련 인플루언서, 소자본 창업자 등을 위한 아이디어와 판매기법, 판매기술과 전략에 관한 실용적인 팁과 경험들을 공유하고자 하였다.

사실 무엇보다 중요한 것은 단순히 지식을 축적하는 데 그치지 않아야 함이다. 이론으로 정리된 지식과 필자들이 제시하는 경험을 믹스해 실제 현장에서 적용함으로써 매출 성장을 이끌어 낼 수 있어야 한다. 이것이 이 책이 가지고 있는 궁극적인 목적이다.

　필자들은 그동안 해왔던 현장 컨설팅으로 통해 이와 같은 점을 수 없이 확인할 수 있었고, 독자들로 하여금 폭발적인 매출성장과 지속 가능한 비즈니스 성장을 이룰 수 있도록 있게 도울 수 있으리라는 확신이 들었다. 물론 독자들의 몫이 더 클 것이다.

　이 책에서 제공되는 도구와 인사이트를 적극적으로 활용하고, 항상 열린 마음과 긍정적인 자세로 도전하는 자세를 잃지 않는다면 반드시 승리자가 될 수 있으리라 확신한다. 미리 승리자에 바치는 축하를 드린다.

　함께 이 책을 완성하고자 애쓰셨던 서환희, 육은혜 작가님께 감사드린다.

8월 무더위에

박비주 씀

프롤로그 004

CHAPTER 1
무자본으로 우주 팔기

우주를 판다고? 누구나 할 수 있다 015 | 우주를 내 손으로 들어 올릴 창업 시스템 021 | 우주를 파는 세일즈 시스템 026

CHAPTER 2
잘나가는 셀러들의 판매 기술

잘나가는 셀러들의 세일즈 시스템 033 | 시스템이 수익을 만든다 039 | 전략적인 판매 기획 044 | 판매 전 체크리스트 051 | 판매 후 체크리스트 056

CHAPTER 3
베스트셀러 판매의 법칙

매출이 폭발하는 황금타임의 분석 063 | 연출력이 다르다 067 | 다른 셀러들과 차별화 되는 구성력 071 | 무조건 판매가 아닌 전략적 판매 076 | 숏폼, 1분 마법 만들기 082

CHAPTER 4
우주를 판매하는 말하기 기술

우주를 파는 대화법 체크리스트 089 | 우주를 사고 싶게 만드는 목소리 093 | 신뢰감 있는 목소리 만드는 법 097 | 과장광고 하지 않고 과장광고로 말하기 102 | 마치 우주를 산 것 같은 말하기 106

CHAPTER 5
우주를 파는 상품문구 하나

구매는 상품문구의 첫인상으로 결정된다 113 | 돈을 끌어오는 6가지 상품문구 작성 스텝 118 | 차이가 나게 써라 124 | 고객을 행동하게 만드는 상품문구 만들기 128 | 돈 골목에서 글쓰기 133

CHAPTER 6
우주를 사는 고객의 심리

딱 필요한 만큼만 141 | 고객의 휴리스틱 심리를 이용하라 144 | 우주는 얼마에 팔아야 하지? 151 | 손실회피 심리를 이용한 판매전략 155 | 우주를 사고 싶은 구매욕구를 자극하라 161 | 컬러가 매출이다 165

CHAPTER 7
우주가 돕는 사람은 돈기부여가 되어 있다

호랑이 굴에 들어가라 175 | 돈기부여도 안 된 사람이 돈을 번다고? 181

CHAPTER
1

무자본으로
우주 팔기

우주를 판다고?
누구나 할 수 있다

이제는 "무자본으로 사업을 시작한다"고 해도 놀라는 사람은 별로 없다. "없는 것도 판다." 정도는 되어야 겨우 관심을 보일지도 모르겠다.

몇 년 전만 해도 "무자본 창업? 그게 가능해?" 라고 묻는 사람들이 많았다. 하지만 이제는 정말 없는 것도 파는 시대가 되었다. 우리나라에 없는 상품을 파는 해외 배송시스템을 만들었고, 보이지 않는 지적 자산도 네이버 스토어에 올려 컨설팅을 판매한다.

지금 이 글을 쓰는 필자 박비주 또한 '코칭권'을 네이버 스토어 팜에서 판매하고 있으며, 보이지 않는 물건인 지적 자산을 통해 많게는 월 천만 원 넘는 매출을 올리기도 했다.

포털에서 '무자본 창업'을 검색하면 유튜브를 비롯한 수많은 창업 콘텐츠들이 뜬다. 그만큼 큰 자본 없이 혹은 물건이 없이도 나만의 사업을 일으킬 수 있는 여건, 가능성이 많이 열려 있는 시대다. 실제로 많은 사람들이 시도하고 성공을 거두고 있다.

무자본 창업은 모아두었던 자본이나 빚을 끌어와 투자하지 않고 시작하는 비즈니스를 말한다. 비즈니스가 성공을 거두게 된다면 곧바로 그 사업수익이 내 주머니로 들어오는 구조다. 즉 부채에 대한 이자비용도, 다른 투자자와 수익을 나눌 필요도 없으므로 창업을 통해 얻게 되는 수익은 오로지 창업자만의 소유다. 또한 무자본 창업은 다른 사람의 투자를 받아 시작하는 비즈니스와 달리 사업에 대한 완벽한 통제권을 창업자 자신의 손에 쥐고 있으며, 만약 다른 방향으로 비즈니스 영역을 전환하고자 한다 해도 다른 사람의 영향을 받지 않고 스스로 결정을 내릴 수 있는 유연성 또한 가지고 있다.

　경영에 대한 권한, 결정의 유연성, 더 빠른 수익, 독점적인 소유권, 적은 리스크 등 매우 매력적인 장점을 가지고 있으니 도전하지 않을 이유가 없을 것 같다.

　그러나 장점만 있을까? 당연히 아니다.

　외부에서 끌어온 빚이든 투자금이든 혹 자기 스스로 마련한 창업자금이든 간에 창업해서 비즈니스를 꾸려간다는 일은 매우 어려운 일일 수밖에 없다. 하물며 무자본 창업은 말할 것도 없다. 충분한 자본을 확보하고 있거나 투자를 받았다고 하더라도 수많은 사람들이 실패의 쓴 잔을 마시는 창업 마당에서 무자본 창업으로 성공하기까지는 바늘귀만큼이나 좁은 길을 가야 한다. 창업은 창의적인 비즈니스 아이디어에 더하여 강한 열정을 바탕으로 한 비전 그리고 그 비전을 현실로 바꾸는 과정에서 만나는 수많은 함정들의 연속이기 때문이다.

　"누구나 도전할 수 있지만 누구나 성공하는 것은 아니다."

무자본 창업의 조건이다.

여기서 중요한 것은 무자본 창업이냐, 자본을 투자한 창업이냐가 아니다. 사실 비즈니스 세계에 뛰어든다는 것 자체만으로도 당신은 박수를 받아야 한다. 창업은 매우 어렵고도 큰 위험을 감수해야 하는 도전이고, 실패할 가능성이 많기에 시도 자체가 대단한 용기를 필요로 한다. 이 대단한 도전의 승패는 2년 이내에 결정이 난다. 그리고 성공보다 실패가 많다.

이제 대표적인 실패의 이유와 실패하지 않는 방법을 알려 주겠다. 돌다리를 이루고 있는 돌조각 하나하나를 잘 두드려 보고 확인하며 건너더라도 강 하나 정도는 건널 수 있으니 성급하게 달려갈 필요는 없다. 조급한 마음이 들수록 더 확실하게 검토해야 한다. 당신이 꿈꾸는 비즈니스의 창업에 참고하길 바란다.

목표와 의지는 뚜렷하나 세밀한 전략이 없다

창업으로 자신의 비즈니스를 시작하는 대부분의 사람들을 보면 성공에 대한 열정으로 가득 차 있는 모습을 볼 수 있다. 배를 띄우기만 하면 금을 잔뜩 싣고 항구로 돌아올 수 있을 것이라는 확신으로 들떠 있는 이들이 대부분이다. 그리고 그들은 의지, 열정, 목표를 이루기 위해 온갖 노력을 다 쏟아 부으리라는 결심으로 단단하게 무장되어 있다.

하지만 이런 성공에 대한 뚜렷한 목표와 의지에 비해 명확한 전략, 세심한 계획은 아예 짜여져 있지 않거나 엉성한 경우가 많고 실패는 바로 여기서부터 시작된다.

낙관으로 자신을 응원하지 말라. 성공할 수밖에 없는 창업 계획은 치밀한 분석을 통해 세워져야 하고, 그 계획을 따라 충실하게 걸어야 한다.

수익이 실현되면 소비부터 먼저 한다

창업을 하고 이제 막 어느 정도 수익을 내기 시작했을 때가 바로 문제가 가장 많이 발생하는 시점이다. 그 수익금을 사업을 위한 투자에 사용하지 않고 생활비로 쓰거나 다른 용도로 지출하는 경우가 많기 때문이다. 이런 경우 실패를 경험할 확률이 매우 높다. 실제로 이와 같은 모습을 우리 주변에서도 자주 볼 수 있다.

창업 비즈니스로 얻은 수익금은 사업을 위한 비용에 충당해야 한다. 비즈니스가 성장하기 위해서는 자금 투자가 필요하므로 사업 성장을 위한 자금을 확보하고 운영하기 위한 계획 역시 반드시 세워야 한다.

시스템이 부실하다

창업에서는 시스템 관리가 매우 중요하다. 시스템이 없다면 비효율적인 시간 및 의사결정에 이르기까지 잘못된 자원 할당으로 이어지게 되고 효율적으로 운용되지 못 함으로써 비즈니스에 집중하지 못 하게 되는 경우가 많다.

사업이 궤도에 올랐을 때 시스템을 구축하면 된다고 생각한다면 늦다. 시스템을 먼저 구축하는 것이 중요하다.

먼저 경쟁에서 이겨야 한다는 생각만 한다

치열한 경쟁? 좋다. 하지만 내실을 먼저 다지고 경쟁을 하는 것이 순서다. 창업 초기부터 경쟁업체를 정해 경쟁의 마당에 뛰어든다면 경쟁업체를 따라 하게 되거나 가고자 했던 방향과 반대로 가게 될 수도 있다. 따라서 창업자 고유의 가치를 만들고 내실을 다져 경쟁자들과 차별화되는 전략으로 경쟁해야 한다.

죽어라 마케팅만 한다

마케팅은 비즈니스의 핵심이다. 중요한 만큼 죽어라고 마케팅만 하는 경우가 많다. 마케팅은 '죽어라'고 하는 것이 아니다. 비즈니스의 성공을 이끌어 내는 '효과적'인 것이어야 한다. 효과적으로 잘 계획된 마케팅은 고객을 끌어오고 성공적인 비즈니스를 구축하는 데 있다. 즉 제품이나 서비스에 맞게 효율적으로 이루어져야 한다. 효과적인 마케팅이 아닌 '죽어라 마케팅'을 하고 있다면 제품, 서비스에 대해 잘 어필하지 못 해 판매성과는 저조해질 수밖에 없을 것이다.

혁신적인 마인드가 부족하다

시장 상황은 하루하루가 달라진다. 이렇게 정신없이 변화하는 시장 상황에서 고객이 원하는 변화 요구에 부응해 혁신하지 못 하고 자신의 제품, 서비스만 고집한다면 살아남기 어렵다. 고객들의 니즈, 사회경제적인 흐름에 예민하게 반응하며 적응하거나 앞서갈 수 있을 때 비로소 지속가능하게 성공적인 비즈니스를 구축할 수 있다.

앞에서 간략하게 살펴본 실패 이유와 성공하기 위한 방법들은 극히 일부분에 불과한 것들이다. 하지만 만기친람(萬機親覽)으로 사소한 모든 것들까지 검토하느라 에너지를 사용할 수도 없는 일이다.

핵심은 자신의 비즈니스 특성에 따른 대표적인 위협과 기회에 대한 부분만큼은 분명하게 인식하고 문제를 예측해 해결해야 한다는 것이다. 그것만이 성공 가능성을 높이고 지속가능한 성공을 누릴 수 있는 길이다.

누구나 무자본 창업으로 비즈니스를 시작할 수 있다. 하지만 누구나 성공을 움켜쥘 수 있는 건 아니다. 오히려 실패를 맛보게 될 확률이 높다. 실패의 쓴잔을 피하고 달콤한 성공을 거두고야 말겠다는 열정과 강한 의지를 가지고 있다면, 이 책에서 말하고자 하는 의미를 찾아 꼼꼼히 읽어보도록 권하고 싶다. 당신이 넉넉한 자금을 가지고 창업을 하든, 무자본으로 창업을 하든 말이다. 물론 그 핵심은 내 상품이나 서비스를 파는 셀러의 기술을 익히는 데 있다.

우주를 내 손으로 들어 올릴 창업 시스템

창업을 해서 우주를 판다고 해도 신뢰가 가는 회사, 고객들로부터 무조건적인 충성심을 이끌어 내고 유지하는 회사를 만들고자 한다. 어떻게 가능할까?

그에 합당할 만한 창업 시스템이 필요하다.

현재 우주여행이 상용화 되어 상업적으로 운영되는 서비스는 아니나 몇몇 기업에서는 우주여행 상용화를 위한 연구 개발에 매진하고 있으며, 한편으로는 이미 우주체험 상품을 진행하고 있기도 하다. 즉 버진그룹 산하 우주관광기업 '버진 갤럭틱'은 일반인을 대상으로 한 우주여행 티켓을 판매한다는 계획을 발표했는데, 티켓 가격은 45만 달러(약 5억 4,260억 원)이다. 티켓 예약 시 15만 달러(약 1억 8,080만 원)로 먼저 보증금으로 지불해야 한다. 이미 보증금을 지불한 사람이 100명도 넘었다고 한다.

우주여행은 우주탐사의 항로가 대중화되어 기술적 난제와 안전 문제가 해결되어야 하고 몇 년에서 몇 십 년간 대기해야 할 것으로 예상된다. 그럼에도 많은 사람들이 15만 달러에 달하는 예약금을 흔쾌히 지불하는 이유는 무엇일까? 우주관광기업, '버진 갤럭틱'의 기술 관광 스템을 믿기 때문일 것이다.

우주를 들어 올릴 만한 창업 시스템은 거창한 말만큼이나 결코 쉽지 않은 일이다. 창업은 곧 새로운 비즈니스 시스템을 연구하고 만들어 내는 일이고, 성공에 핵심적인 영향을 끼치는 요소들을 조합하고 조화를 이끌어 내는 것이다. 즉 '기발한 제품'이라는 아이디어에 빠져 무작정 창업을 하고 세일즈 활동으로 팔 수 있다고 생각한다면 크게 잘못된 판단이다. 먼저 창업 시스템을 만드는 것이 순서다.

창업 시스템에 꼭 들어가야 할 요소들은 다음과 같이 간략하게 정리해 볼 수 있다.

내 기업이 가고자 하는 방향은 어느 쪽인가?

내가 창업한 기업이 지켜 가고자 하는 '기업정신'과 '제품' 혹은 '서비스'에 영향을 끼치는 사회적 규범이 무엇인지를 먼저 체크해야 한다.

위험을 감수해야 하는 것인가? 혁신적인 가치를 미리 제시해야 하는 것인가? 지금의 사회적 상황과 함께 발맞추어 나아가야 하는 것인가?

핵심은 이것이다. 내가 창업하는 기업에 미치는 현실적 영향, 가고자 하는 방향을 정확하게 인식하고 있어야 한다는 것이다.

금융문제를 어떻게 관리할 것인가?

무자본으로 시작할 것인가? 투자를 받아 시작할 것인가? 보조지원금을 받을 것인가? 대출을 받을 것인가?

사업을 시작하고 성장시키는 데 금융조달 옵션의 가용성을 체크하여 금융관리계획을 세우는 것은 현실적으로 가장 중요한 문제에 해당한다. 따라서 미리 신중하게 하나하나 검토하고 분석해 보아야 한다.

끊임없이 자신을 트레이닝하고 업그레이드하기

창업을 한 뒤에는 사업을 운영하기에 바빠 교육과 트레이닝을 가볍게 생각하고 지나치는 경우가 많다. 먹고 살려면 모든 시간을 바쳐 아등바등 매달려도 부족하다고 생각하기 때문이다.

하지만 사업을 운영함에 있어서 진정 필요한 것은 필요한 기술과 지식을 배울 수 있는 교육 및 지속 가능한 성공을 위해 네트워킹 트레이닝이다. 지원, 조언 및 창업 소스를 얻을 수 있는 멘토 혹은 다른 기업인들과 네트워킹을 하며 끊임없이 트레이닝 프로그램에 관심을 기울이고 참가해야 한다.

인프라 구축

창업을 하고 그 사업이 성장하는 데는 인프라 구축이 매우 중요하다. 즉 서류, 사람, 소통, 역할의 인프라 가용성이 중요하며, 이 또한 창업 시스템의 일부라고 할 수 있다. 분명하게 장담하겠다. 인프라의 구축이야 말로 당신의 사업을 빠르게 성장시키고 수직에 가까운 우상향 그래프로 당신의 수익을 올리면서 성장가도를 달리는 데 기여하는 핵심요소다.

당신이 야심에 넘치는 창업가로서 그만큼의 '야심 찬 창업 시스템'을 만들었다면 그에 충분히 어울린 만한 '야심 찬 성공'을 가져올 것이다.

야심 찬 성공이란 무엇인가?

어쩌면 '야심 찬'이라는 단어만큼 대단한 것은 아닐 수도 있다. 그저 사회에 기여하는 가치를 가진 것이며, 일자리 창출에 기여하는 것이며, 구성원들이 월급이라는 자본금을 통해 한 사람, 한 가족의 삶을 돕는 힘을 갖게 되는 것이기도 하다. 세계를 진동시키는 요란한 성공이 아닐지라도 선한 영향력을 미치는 삶을 야심 찬 성공이라고 말할 수도 있을 것 같다.

창업 시스템은 자신의 열정을 태워 자신의 가치, 성공을 찾으며, 그것을 통해 세상에 긍정적인 영향까지 미치게 되는 것이다.

지금까지 간략하게나마 창업 시스템에 대해 이야기를 나눴다. 비록 글은 간략할지언정 품고 있는 알맹이는 결코 작지 않다고 생각한다. 깨달아 자신을 각성하고 실행하는 것은 사실 쉽지 않다. 그럼에도 창업을 통해 성공하고 싶다면 위에서 다룬 창업 시스템을 철저히 숙고해야 한다.

창업 시스템을 철저히 만들고 실행했을 때 당신은 '나의 비즈니스'라는 우주를 들어 올릴 힘 그리고 우주를 판매할 수 있는 힘을 당신의 손에 넣을 수 있을 것이다.

우주를 파는
세일즈 시스템

창업 시스템을 구축하는 것은 우주를 파는 세일즈 시스템을 갖추는 것과 같다. 세일즈 시스템은 수익 창출과 직결되기 때문에 무엇보다 중요하다.

수익 창출은 회사의 성장을 수치로 보여 주는 것으로 수익을 창출하지 못 하는 비즈니스는 존재해야 할 이유가 없다. 당연히 수익 창출이 무엇보다 중요한 창업 기업에서 성공적인 세일즈 시스템의 구축은 매우 중요하다.

세일즈 시스템의 구축에는 다음과 같은 요소들이 필요하다.

목표시장을 정확히 구축하라

판매의 기술은 곧 '영업기술'의 '이음동의어'이다. 영업을 하려면 먼저 내 제품과 서비스에 맞춰진 이상적인 고객을 찾아야 한다. 고객의 요구가 무엇인지를 파악해 그들의 요구를 충족하는 제품, 서비스의 제공은 당연한 일이다. 우주를 들어 올리는 세일즈는 고객의 문제를 해결해 주는 데 있기 때문이며, 고객의 문제점을 해결해 주는 제품을 제공하거나 서비스하는 세일즈효과를 통해 판매 실적도 로켓처럼 성장할 것이다.

고객 맞춤, 고객의 요구, 고객이 가지고 있는 문제를 해결해 주기 위해서는 무어보다도 먼저 영업의 대상이 되는 고객이 있는 목표시장을 정확하게 구축해야 한다.

제품, 서비스 제공의 확실한 가치 제안

고객에게 어떤 가치를 제공할 것인가? 여러분의 서비스에는 명확한 가치 제안이 담겨 있는가?

경쟁업체와 우리가 다른 이유, 목표시장의 흐름, 고객의 니즈와 그 요구를 어떻게 맞출 것인지 그리고 그 과정에서 불거지는 문제를 해결하기 위한 방법을 제시하고 설명하는 우리만의 명확한 가치를 제안해야 한다.

다음과 같이 점검하고 확인해야 한다.

- 나의 제품, 서비스에는 소비자에게 전달하고자 하는 확실하고 명확한 가치 제안이 담겨 있는가?
- 그것을 제안하고 전달하기 위한 일관된 전략을 실행하고 있는가?
- 고객이 해당 가치를 정확히 전달받고 있는가?

- 혹시 핵심 가치 제안은 수립하지 않은 채로 어느 순간 광고, 이벤트, 할인에만 몰두하고 있지는 않는가?

세일즈, 영업 프로세스

세일즈, 영업 프로세스란 고객에게 제품을 판매하는 모든 과정을 일컫는다. 잠재고객이 우리의 제품을 찾고 유입되는 과정부터 영업 담당자를 통해 제품을 구매한 후 고객관리까지가 모두 포함되어 있다.

세일즈, 영업 프로세스는 고객 유형이나 제품 등에 따라 달라질 수 있다. 일반적으로 다음과 같은 단계로 구성된다.

- **프로스펙팅**Prospecting : 잠재 고객으로부터 영업 기회를 만들어 내는 과정.
- **클로징**Closing : 영업 담당자가 영업 기회를 통해 매출을 만들어 내는 과정.
- **온보딩 및 고객 관리** : 고객이 제품을 성공적으로 사용하게 돕는 과정.

영업 프로세스는 성공적인 영업 활동을 위한 필수적인 요소다. 잘 정리된 영업 프로세스는 영업 활동에 있어 단계별로 어떤 영업 활동을 해야 하는지 알려 주고, 효과적으로 고객을 확보하는 데 도움을 준다. 또한 각 단계에서 필요한 영업 활동의 베스트 프랙티스를 정리해 두면 경험이 적은 영업 담당자나 새로 합류한 영업 담당자들이 성과를 내는 데도 도움을 준다.

따라서 잠재고객을 만든 접촉 지점, 초기 접촉, 판매 종료 후 충성 고객에 이르기까지 영업 단계별 영업 프로세스를 개발해야 하며, 대면 판매, 텔레마케팅, 이메일 마케팅, 블로그, 인스타그램, 오프라인 판매와 같이 목표시장별로 세분화 된 판매 채널을 만들고 판매 채널별 CRM(고객 관계 관리) 시스템을 만들어 세일즈 판매활동을 추적해 고객 데이터를 확보하며 영업 전반을 통찰할 수 있어야 한다. 또한 판매 시스템의 성과를 정기적으로 측정하고 분석하므로써 결과에 따라 문제를 파악하고 문제 해결에 적극적으로 대응해야 한다.

지속적인 세일즈 교육과 관리

우리 제품 및 서비스에 대한 지식, 세일즈 기술과 방법을 판매 채널별로 습득해야 하고 변화하는 흐름에 맞추어 교육과 리소스를 끊임없이 얻어야 한다.

영업관리팀이 있다면 팀원을 교육하기 위한 재원을 아끼지 말고 투자함으로써 필요로 하는 교육 리소스를 제공하여야 한다.

모든 사업에서 세일즈 시스템은 중요

음식점을 창업했다고 하자. "패스트푸드가 아닌 슬로푸드로 손님을 대접하겠다."라는 방향으로 정해진 창업 시스템이라고 한다면 '100년 된 간장, 비법 소스'는 세일즈 시스템에 해당한다.

세일즈 시스템을 구축했다면 이제 일관성 있게 지속해 나가야 한다. 잘 설계된 세일즈 시스템은 판매 성공까지 필요한 시간과 노력을 줄이고 가능한 판매 수를 늘릴 수 있다. 잘 설계된 세일즈 시스템으로 파이프라인을 만들어 영업의 기회를 창출할 수도 있고 향후 판매 아이템 성공 가능성을 높인다.

무작정 팔아보는 것도 방법이라면 방법이지만 지속적으로 할 수 없는 경우가 많다. 무작정 판매 활동에 매진하기보다 세일즈 시스템을 만들고 그 시스템을 잘 따라하도록 한다면 빠른 성공을 거둘 수 있을 것이며 지속가능한 성공의 길을 갈 수 있을 것이다.

CHAPTER

2

잘나가는
셀러들의
판매 기술

잘나가는 셀러들의 세일즈 시스템

끌리는 상품으로 만드는 마케팅 시스템

세일즈와 마케팅에는 어떤 차이점이 있을까? 언뜻 생각했을 때 세일즈와 마케팅은 같은 것이라고 착각하기 쉽지만 분명한 차이점이 있다.

마케팅이 고객의 관심을 끌어 고객을 모이게 만드는 것이라고 한다면, 세일즈는 관심을 가지고 모인 고객들이 최종적으로 구매 결정을 하여 계약까지 진행되도록 이끌어 내는 것을 말한다.

예를 들어 유튜브, 인스타그램, 블로그, 틱톡 등을 보고 고객들이 방문했다면 SNS 마케팅이라고 하고, 전단지를 배포하여 고객이 방문하였다면 전단 마케팅이라고 한다. 결국 실질적인 매출로 이어지는 최종 단계인 세일즈에 성공하려면, 밑밥을 뿌려 물고기를 유혹하는 것처럼 고객들을 끌어들일 수 있도록 만드는 활동이 필수적인 단계이다. 현 시대의 고객은 필요한 것을 구매하는 것이 아닌, 원하는 것을 구매한다.

고객의 니즈 상황은 보다 다양해졌으며, 변화 또한 빠르게 일어난다. 그렇기에 효율적으로 마케팅을 하기 위해서는 '선택과 집중'이 필요하다. 선택한 상품을 바탕으로 니즈가 확실한 고객층을 공략해야 한다.

확실한 고객층을 공략할 수 있는 전략으로는 'STP'전략이 있다. 'STP'는 Segmentation(시장 세분화), Targeting(목표시장 타깃 선정), Positioning(위치 선정)의 머리글자를 딴 것이다.

1단계 : 시장의 분할Segmentation은 크게 4가지로 세분화할 수 있다.

① 인구 통계학적 분류 : 성별, 나이, 직업, 수입, 교육 수준 등

② 지리적 분류 : 국가, 도농지역, 도시 규모, 인구밀도, 기후, 교통 발달 등

③ 심리적 분류 : 개성, 가치관, 라이프스타일, 성격, 종교 등

④ 행동적 분류 : 소비패턴, 사용빈도 등

시장 세분화Segmentation의 단계를 통해 비슷한 니즈를 가지고 있는 고객들로 나누고, 빈틈시장을 찾거나 어떤 고객을 대상으로 할 것인지 파악할 수 있다.

2단계 : 목표시장 타깃 선정Targeting은 시장의 분할의 단계를 통해 나누어진 시장 중에서 목표로 할 시장과 가장 집중해야 하는 타깃을 선택하는 단계이다.

3단계 : 위치 선정Positioning은 타깃고객의 머릿속과 마음, 시장 내에서 선택한 상품이 어떤 위치에 자리할 것인지 콘셉트에 대해 설정하는 단계이다. 현재는 시장 내에서 어떤 위치에 해당하는지를 객관적으로 판단하고, 어떤 위치를 목표로 할 것인가를 설정하는 마무리 단계에 해당한다. 또 주관적으로 생각하는 상품의 위치와 고객이 생각하는 상품의 위치를 알아볼 수 있는 단계이기도 하다.

위치선정 단계는 시각적으로 더 잘 이해하고 직관적으로 알아보기 쉽게 '포지셔닝맵'을 많이 사용한다. 포지셔닝맵이란 X축과 Y축을 이용하여 사분면 위에 좌표를 찍는 기법이다.

포지셔닝맵의 X축과 Y축의 사항은 고정되어 있는 고정값이 아니다. 현재 상황에 맞게 비교할 사항을 X축과 Y축에 기록하여 활용하면 된다.

'STP' 활용 예시

최근 빠르게 성장한 아이템, 밀키트Meal Kit를 이용하여 STP를 활용하여 보겠다.

1단계 : 밀키트의 시장 세분화

① 인구 통계학적 분류 : 여성보다 남성 구매 경험 많음. / 40대가 가장 많이 구매 / 학생 1회 이상 구매 경험, 자영업인 4회 이상 구매 경험.

② 지리적 분류 : 1인가구가 많은 지역 / 맞벌이가 많은 지역 / 주변에 식당

이 많이 없는 지역.

③ 심리적 분류 : 각종 미디어에서 유행하는 음식을 간단히 맛보고 싶어
함. / 경제적으로 알뜰한 구매를 원함. / 시장을 보는 시간을 절약하기
원함.

④ 행동적 분류 : 외식보다는 집에서 요리하길 원함. / 간편하지만 퀄리티
있는 요리를 원함.

인구 통계학적 분류	지리적 분류	행동적 분류	심리적 분류
• 남성, 구매경험 많음 • 40대가 가장 많이 구매 • 학생, 1회 이상 구매경험 • 자영업인, 4회 이상 구매 경험	• 1인가구가 많은 지역 • 맞벌이가 많은 지역 • 주변에 식당이 많이 없는 지역	• 각종 미디어에서 유행하는 음식을 간단히 맛보고 싶어함. • 경제적으로 알뜰한 구매를 원함 • 시장을 보는 시간을 절약하기 원함	• 외식보다는 집에서 요리하길 원함 • 간편하지만 퀄리티 있는 요리를 원함

2 단계 : 밀키트의 목표시장 타깃 선정

주요 타깃 대상

40대 혼자 사는 남자, 맞벌이가 많은 신혼부부, 간편하지만 유행하는 음식을
맛보고 싶은 젊은 연령층

3단계 : 밀키트의 위치 선정

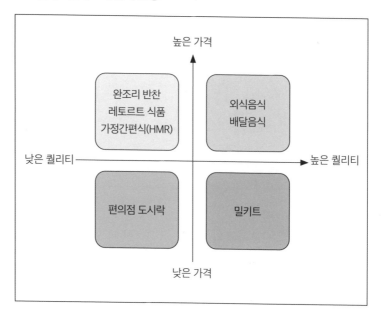

상황별로 STP를 활용해 보기

1단계 : 시장 세분화

인구통계학적 분류	지리적 분류	행동적 분류	심리적 분류

2단계 : 목표시장 타깃 선정

3단계 : 위치 선정

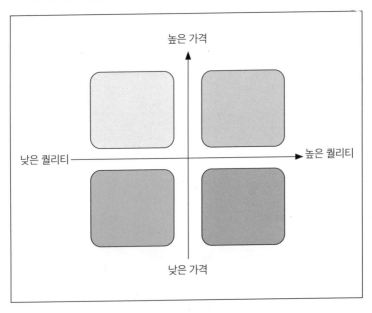

고객의 마음과 상품은 살아 있는 생명처럼 포지셔닝이 바뀐다. 처음에 설정한 포지셔닝은 영원한 것이 아니다. 시간과 환경에 따라 변화되어야 한다. 고객의 취향과 욕구의 변화, 시장의 경쟁 환경에 따라 주기적인 리포지셔닝이 반드시 필요하다.

시스템이
수익을 만든다

복잡함보다 단순한 시스템의 힘

'시스템'이라고 하면 굉장한 기능과 어마어마한 법칙을 가진 것처럼 생각하기 쉽다.

하지만 시스템은 생각보다 단순하다. 다른 단어로 쉽게 표현하자면 지키기로 작정한 '법칙'이라고도 할 수 있다.

시스템대로 움직인다는 것은 법칙대로 움직인다는 것과 같은 말이다. 시스템을 세부적으로 만들수록 일은 보다 효율적으로 진행되고, 그 세부적인 시스템을 지킴으로써 로켓이 우주를 향해 솟구치는 것처럼 빠르고 큰 성장을 가져온다.

세부적인 마케팅전략과 시스템을 수립할 때는 미시간주립대학의 제롬 맥카시 E. Jerome McCarthy 교수가 만든 '셀러 시점인 4P' 마케팅 믹스Marketing Mix와 '고객 시점인 4C'를 함께 활용하면 좋다.

과거에는 기업과 생산자의 관점인 4P로 마케팅이 진행되었다. 하지만 온라인 사회로 시대가 변한 만큼 라이프스타일과 소비 트렌드 역시 변화하였고, 그에 따라 기업과 셀러 관점이었던 4P도 소비자의 관점인 4C로 바뀌었다.

4C란 Consumer(소비자) / Cost(가격) / Convenience(편의성) / Communication(소통)을 의미한다.

그렇다면 생산자 관점인 4P와 소비자 관점인 4C는 어떤 점이 다를까?

① **Product (제품)** : 어떻게 하면 더 세련되고 흥행할 수 있는 상품과 서비스를 시장에 출시할 수 있을까에 집중하였다. 하지만 4C의 Consumer(소비자)는 판매하는 상품과 서비스를 통해 고객들이 어떤 혜택과 서비스, 가치를 가질 수 있을지에 대해 고민한다.

② **Price (가격)** : 가격 경쟁력을 어떻게 하면 높일 수 있을까에 대하여 고민하였다. 그래서 경쟁업체보다 가격을 낮추거나 서비스 상품을 주면서 적절한 가격을 설정하였다. 그런데 4C의 Cost(가격)는 상품과 서비스의 가격이 비싸더라도 고객이 가치가 있다고 판단하면 판매가 이루어지는 것에 집중하고, 단순히 눈에 보이는 가격이 아닌 고객이 느끼는 가치와 이익을 부각시킨다.

③ **Place (유통경로)** : 기존 유통망인 마트, 백화점, 편의점, 할인점 등 어디서 판매를 하는 것이 기업과 셀러 입장에서 가장 효율적일까에 대해 생

각했다. 반면 4C의 Convenience(편의성)는 "고객이 가장 편리하게 상품과 서비스에 접근할 수 있는 방법은 무엇일까? 어디에서 가장 편리하게 살 수 있을까?"와 같은 편리한 접근성에 대하여 고민한다.

④ **Promotion (판촉)** : 상품과 서비스를 고객에게 알리고 구매욕구를 불러 일으키기 위해 다양한 홍보수단과 자극적인 광고를 하기에 바빴다. 그러나 4C의 Communication(소통)은 일방적인 전달이 아닌 쌍방향 소통에 집중한다. 또 다양한 SNS와 온라인 커뮤니티를 활용하여 온라인 마케팅과 함께 고객이 직접 참여하게 만들어 고객의 니즈를 끌어낸다.

이렇듯 4P와 4C는 기존의 생산자 관점에서 뿐만이 아니라 소비자의 관점에서도 생각할 수 있기 때문에 다양한 시선에서 세부적인 마케팅전략과 시스템을 만들 수 있다. 4P가 오래된 한물간 전략이라 생각하고 그냥 무시하고 지나치기보다는 온고지신의 마음으로 4P와 4C를 함께 사용하면 더욱 빈틈없는 시스템이 세워질 수 있을 것이다.

마케팅 믹스^{Marketing Mix} 예시

다이어트 닭가슴살 4P / 4C 전략 시스템

4P 전략

Product (제품)	Place (유통경로)
다이어트, 닭가슴살	할인마트, 편의점, 오픈마켓 유통업체 입점
Price (가격)	**Promotion (판촉)**
품질에 비례하는 가격 행사 이벤트를 통한 가격 할인	할인 이벤트, 포인트 적립 사은품, 2+1

4C 전략

Consumer (소비자)	Cost (가격)
다양한 맛의 닭가슴살로 건강한 식단을 원하는 고객들	가격이 비싸더라도 질리지 않고 오래 먹을 수 있는 다양한 맛의 닭가슴살을 이용한 다양한 형태의 음식 (닭가슴살 순대, 만두, 소시지 브리또 등)
Convenience (편의성)	**Communication (소통)**
SNS 공동구매, 로드샵, 라이브커머스(다양한 플랫폼) 온라인 구매시 빠른 배송	라이브커머스 판매, (네이버쇼핑라이브, 그립, SSG 라이브 등) SNS 라이브 방송 판매, 공식 SNS채널 운영

나의 상품 또는 서비스에 마케팅 믹스 적용해 보기

큰 성과를 거두고 수익을 올리는 시스템은 어렵고 복잡하지 않다. 오히려 단순하고 명료한 것이 더 효율적이다. 단순한 시스템을 완전히 체득하였다고 해도 꾸준히 실천하느냐 그렇지 않느냐에 따라 마케팅과 세일즈의 승패가 좌우된다.

4P와 4C를 바탕으로 나만의 정확한 시스템 규칙을 만들고 지켜나가는 것이 중요하다. 좋은 결과는 사소한 행동 하나하나가 모여서 만들어진다.

앞의 예시를 참고해 자신의 4P / 4C 전략 시스템을 작성해 보자.

4P 전략

Product (제품)	Place (유통경로)
Price (가격)	Promotion (판촉)

4C 전략

Consumer (소비자)	Cost (가격)
Convenience (편의성)	Communication (소통)

전략적인 판매 기획

전략적인 판매를 기획하기 위해서는 환경을 분석하는 것이 중요하다. 환경 분석에는 3C 분석 / SWOT 분석 / PEST 분석이 있다.

1. 3C 분석에서 '3C'는 Customer(고객/니즈 분석), Company(자사/핵심역량 분석), Competitor(경쟁사/강점, 약점 분석)를 의미하며, 3C 분석을 '전략 삼각형'이라고 부르기도 한다. 3C 분석 중 Company(자사/핵심역량 분석)의 영역에 SWOT 분석이 포함되며, 3C 분석은 아래의 그림처럼 보기 좋게 표현할 수 있다.

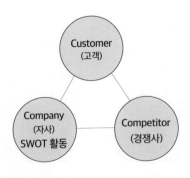

① **Customer(고객/니즈 분석)의 분석** : 고객이 제품과 브랜드에 어떠한 관심이 있는지, 시장의 규모, 시장의 성장률, 고객의 현황과 변화, 주 고객층이 누구인지를 파악해야 한다.

② **Company(자사/핵심역량 분석)의 분석** : 기업의 내부요인과 외부요인에 대해 분석해야 한다. 브랜드 이미지, 차별화된 기술력, 판매력, 상품력, 시장점유율 등 구체적인 목표에 대해 분석해야 하며, Company의 분석 단계에서 SWOT 분석을 활용하면 더 구체적이고 체계적인 분석이 가능하다.

③ **Competitor(경쟁사/강점, 약점 분석)의 분석** : '지피지기 백전백승'이라는 말처럼 주요 경쟁사의 강점과 약점을 분석해야 한다. 또 새로운 경쟁사의 진입 가능성에 대해 어떻게 대처할 것인지 대비 방안까지 세워둬야 한다.

구성 요소	분석 요소	분석 기준
Customer (고객)		
Company (자사)		
Competitor (경쟁사)		

2. SWOT 분석은 Company(자사/핵심역량 분석)의 영역에 포함되어 있지만, 단독으로도 많이 사용되며 분석해야 하는 요소를 논리적으로 한눈에 볼 수 있게 해 주는 강력한 도구이다. 또 브랜드와 상품뿐만 아니라 사람을 브랜드화 하는 퍼스널 브랜딩이나 프로젝트 등 다양하게 활용할 수 있는 도구이다.

SWOT의 'S'는 Strength(강점), 'W'는 Weakness(약점), 'O'는 Opportunity(기회), 'T'는 Treat(위협)을 의미한다. SWOT는 내부적인 요인과 외부적인 요인으로 나눌 수 있고 내부적인 요인에는 'S'와 'W'/외부적인 요인에는 'O'와 'T'가 있다. 'SWOT'는 각기 따로 보는 것이 아니라 내부요인과 외부요인을 함께 조합하여 전략을 도출하면 더욱 효과적이기 때문에 각 요소를 2가지씩 조합하여 활용한다.

① S.O. 공격전략 : 강점을 가지고 외부의 기회를 극대화할 수 있는 대책 수립
② S.T. 우회전략 : 강점을 가지고 외부로부터 오는 위기에 대해 대비하고 대처할 수 있는 방안 준비
③ W.O. 회복전략 : 약점을 보충하여 강점으로 활용할 수 있는 기회 마련
④ W.T. 생존전략 : 약점을 보충하여 외부의 위기로부터 보호할 수 있는 대안 강구

SWOT를 더 효과적으로 분석하기 위해서는 구체적으로 분석하는 것이 중요하다.
아래는 SWOT 분석을 활용하는 도구이다.

SWOT 분석

STRENGTH (감정)   WEAKNESS (약점)

내부요인

S	W
O	T

외부요인

OPPORTUNITY(기회)   THREAT(위협)

SWOT 분석 조합

외부 \ 내부	STRENGTH(감정)	WEAKNESS(약점)
OPPORTUNITY (기회)		
THREAT (위협)		

OPPORTUNITY(기회) THREAT(위협)

밀키트로 SOWT 활용 예시

SWOT 분석

STRENGTH (강점)   WEAKNESS (약점)

내부요인

- 편리성
  집에서 손쉽게 만들 수 있음
- 다양성
  다양한 종류의 음식 제공
- 신선함
  신선한 식재료 사용
- 가격 경쟁력
  외식보다 가격이 저렴함

- 재료의 한계
  재료의 종류가 한정적
- 비용
  식재료 구입 비용보다 가격이 높음
- 배송의 어려움
  배송 과정에서 신선도가
  떨어질 수 있음

S	W
O	T

외부요인

- 시장의 성장
  밀키트 시장의 빠른 성장
- 온라인쇼핑의 활성화
  밀키트 구매가 편리해짐
- 다양화
  밀키트 종류의 다양성

- 신규 경쟁자의 등장
  밀키트 시장의 포화
- 품질 저하
  밀키트의 품질저하로 소비자의 신뢰 하락
- 가격 인상
  가격이 인상이 될 경우 수요 감소
- 마케팅 부족
  마케팅 부족으로 소비자가 모를 수 있음

OPPORTUNITY (기회)   THREAT (위협)

SWOT 분석 조합

내부 / 외부	STRENGTH (감정)	WEAKNESS (약점)
OPPORTUNITY (기회)	S.O - 밀키트의 편리성을 강조하여 1인가구와 직장인 고객 공략 - 다양성을 확대하여 다양한 고객을 확보 - 가격 경쟁력을 강화하여 기존 레스토랑 음식과 경쟁	W.O - 밀키트 재료의 한계를 보완하여 다양한 종류의 음식 제공 - 비용을 낮추어 소비자의 접근성 확대 - 보관과 배송의 어려움을 개선하여 소비자의 편의성 향상
THREAT (위협)	S.T - 밀키트의 편리성을 강조하여 신규 경쟁자의 진입 방어 - 품질을 강화하여 소비자의 신뢰 확보 - 가격 경쟁력을 유지하여 소비자의 이탈 방지	W.T - 밀키트 재료의 한계를 보완하여 신규 경쟁자의 진입 방어 - 비용을 낮추어 소비자의 이탈 방지 - 보관과 배송의 어려움을 개선하여 소비자의 신뢰 확보

3. PEST 분석은 Political(정치적), Economic(경제적), Social(사회적), Technological(기술적)을 의미하며, 외부환경 변화를 훤히 들여다볼 수 있는 분석이다. 앞선 3C 분석과 SWOT 분석은 노력과 새로운 방안과 계획으로 통제가 가능한 미시적인 환경이라면 PEST는 통제 불가능한 거시적인 환경이다.

① Political(정치적) 요소 : 정책 개혁, 무역 제재와 협정, 관세, 시장의 규제와 완화, 정권의 변화 법률의 변화, 제도의 변화 등 정치적 이슈에 해당하는 요소.

② Economic(경제적) 요소 : 경제성장, 환율, 물가상승률, 인건비 상승 등

경제적 이슈에 해당하는 요소.

③ **Social(사회적) 요소** : 라이프스타일, 가치관, 출생률, 고령화 사회, 사회의 트렌드 변화, 의식성장 등 사회적 이슈에 해당하는 요소.

④ **Technological(기술적) 요소** : 4차산업혁명, 기술의 업그레이드, 스마트폰 대중화, 인공지능 등 빠르게 발전하는 기술적 이슈에 해당하는 요소.

PEST 분석은 4가지 항목의 중요도를 똑같이 하여 분석하기보다 상황에 맞춰 중요도를 설정하여 분석하는 것이 좋다. 만약 4가지 항목 중에서 지금 상황에 불필요하다고 생각되면 과감하게 삭제해도 된다.

구체적이고 전략적인 판매기획을 하기 위해 환경분석의 3C 분석 / SWOT 분석 / PEST 분석이라는 3가지 분석을 모두 다 완벽하게 분석하려고 많은 시간을 투자하게 되면 진짜 중요한 실행이 늦어지게 된다.

강박적으로 분석하기보다 전체적인 개념을 이해하고 직접 실행하는 것이 더 중요하다. 즉 분석한 요소들을 기반으로 실행하는 것이 목적이지 분석 자체가 목적이 되어서는 안 된다.

아래는 밀키트로 PEST를 분석한 예시이다.

PEST 분석

Political (정치적)

- **정부의 규제 강화**
  정부가 밀키트의 식품안전과 품질에 대한 규제를 강화할 경우 시장의 성장이 둔화될 수 있음
- **정부의 지원 정책**
  정부가 밀키트 산업을 지원하는 정책을 시행할 경우 성장이 촉진 될 수 있음

Economic (경제적)

- **경기 침체**
  경기 침체가 발생할 경우 소비자는 밀키트와 같은 비싼 식품보다는 저렴한 식품에 지출할 가능성이 높음
- **소득 증가**
  소득이 증가할 경우 소비자는 밀키트와 같은 고품질의 식품에 지출할 가능성이 높음

Social (사회적)

- **1인 가구의 증가**
  1인 가구의 증가는 밀키트 시장을 촉진할 수 있음
- **건강에 대한 관심 증가**
  건강에 대한 관심이 증가함에 따라 소비자는 배달음식이나 외부음식 대신 집에서 밀키트를 이용해 요리하는 경우가 증가할 수 있음.

Technologica (기술직)

- **온라인 쇼핑의 활성화**
  온라인 쇼핑의 활성화로 밀키트의 구매가 편리해짐
- **배송 서비스의 개선**
  배송 서비스의 개선으로 밀키트의 신선도가 유지되며 소비자가 더 쉽게 밀키트를 구입

PEST 분석 연습

Political (정치적)

Economic (경제적)

Social (사회적)

Technological (기술적)

판매 전 체크리스트

온라인 판매의 길목은 만들었는가?

판매활동에 나서기 전에 체크리스트를 작성하는 것은 나만의 구체적인 전략집을 만드는 것과 같다. 그중에서 가장 중요한 사항은 사전 마케팅이 충분히 되었는지를 체크해야 한다는 것이다. 한마디로 판매 전부터 고객의 눈에 자주 띄어야 한다는 말이다.

대다수 사람들은 한 번 보면 대수롭지 않게 생각하고 그냥 지나친다. 하지만 자주 보고 오래 본 사람에게 친근감을 느끼게 된다. 제품도 마찬가지다. 여러 번 보고 자주 볼수록 자신도 모르게 익숙해지고, 어느 순간 경계심이 허물어지면서 눈여겨보게 된다. 이것이 바로 잠재고객과 가망고객을 만드는 방법이다.

고객의 종류는 다양하다. 잠재고객, 가망고객, 신규고객, 기존고객, 충성고객, 이탈고객까지.

잠재고객은 브랜드와 상품에 대해 전혀 정보가 없고 관심이 없는 고객이다. 이런 잠재고객의 발굴부터 브랜드와 상품에 등을 돌리는 이탈고객보다 충성도가 높은 충성고객을 많이 확보하기 위해서는 SNS를 통해 지속적인 노출과 마케팅으로 신뢰감을 높여 주어야 한다. 그래서 SNS를 통한 사전 마케팅은 필수 중의 필수이다.

특히, 라이브커머스 방송을 진행하기 전 사전 마케팅은 성공을 좌우하는 중요한 요소이다. 사전 마케팅을 통해 방송에 대한 관심을 높이고 참여를 유도해야 한다.

'길목 좋은 곳'이라는 말이 있을 만큼 판매가 잘되기 위해서는 위치와 장소가 중요하다. 이제는 높은 매출을 위해 오프라인에서 '길목 좋은 곳'을 찾기보다, 우리 브랜드와 제품이 고객과 빠르게 연결될 수 있도록 다양한 SNS 채널과 해시태그를 활용하여 '온라인의 길목' 여건을 잘 만들어야 한다.

[사례]

어느 날, 라이브커머스 방송을 수차례 진행해 본 경험이 있으신 분이 트윙클컴퍼니로 찾아왔다. 라이브커머스 방송을 열심히 준비하고 약속된 시간에 맞춰 진행하고 있는데, 매일 방송을 보는 시청자 수는 200~300여 명 안팎. 심지어 라이브커머스의 꽃인 댓글도 올라오지 않는다며 한숨을 푹 쉬셨다. 판매 개수도 잘 팔리는 날에는 한두 개, 어떤 날은 한 시간 동안 열심히 방송을 해도 하나를 제대로 팔기 힘들다며, "남들은 몇 천 명, 몇 만 명씩 방송에 들어오고, 1시간에 몇 백만 원, 몇 천만의 매출을 올린다고 하는데, 왜 저만 안 될

까요?" 라며 고민을 털어놓으셨다.

그분이 놓치고 있는 부분은 SNS 운영과 사전 마케팅을 생각이 날 때면 가끔 하신다는 것이었다.

그날부터 방송을 진행하기 전 사전 마케팅은 필수이며, 평소 판매하는 상품을 실제로 사용하는 사진과 동영상을 꾸준히 SNS에 노출시켰다. SNS에 팔로워 수가 늘었고, 방송으로 유입되는 사람이 늘어나며 자연스럽게 매출로도 연결이 되었다. SNS의 힘과 사전 마케팅의 중요성을 다시 한 번 실감할 수 있었던 사례였다.

본명보다 닉네임의 시대

몇 날 며칠을 고민하여 만든 상품명이 한번 들었을 때 잘 기억되지 않는 어려운 상품명이거나 발음하기 힘든 상품명, 어감이 좋지 않은 상품명으로 지어진 경우도 있다. 이럴 경우엔 낙담하지 말고 트렌드의 반영, 감성자극, 친근감 향상, 상품의 특성을 더 잘 드러내 줄 수 있는 닉네임을 만드는 데 힘을 기울이도록 한다.

상품 닉네임이 얼마나 중요한지에 대해서는 집 앞에 있는 편의점에만 가 봐도 느낄 수 있다. 예를 들어 고구마 계란 샐러드는 '뭉개뭉계란', 크기와 양이 많은 소시지는 '투머치 소시지', 촉촉하게 삶아진 반숙란은 '감동란'이라는 닉네임을 가지고 있으며, 이외에도 많은 상품들이 애초의 본명인 상품명부터 닉네임처럼 만들어서 출시하고 있음을 볼 수 있다.

뷰티상품은 대체로 상품명이 길고 외국어로 작명돼 소비자가 발음하기도 쉽지 않고 기억하기도 어려운 경우가 많아 본 상품명보다 오히려 닉네임으로 더 많이 알려진 상품이 많다. 바르기 전에는 초록색이던 립스틱이 바르면 색이 변하여 '슈렉 반전 립스틱', 마치 삶은 계란처럼 매끈한 피부로 연출해 준다고 해서 '에그 필러', 상품의 외형이 총알을 닮아서 '총알 립스틱', 구슬 형태의 파우더라서 '구슬 파우더', 지속력이 좋아 '철벽녀 쿠션' 등 본래의 상품명보다 주객이 전도되어 닉네임으로 더 유명한 뷰티상품들이다.

패션 상품도 마찬가지다. 원래의 상품명은 모르지만 닉네임은 모두가 다 알 만한 '냉장고 바지', '얼음 바지', '난로 레깅스', '핫팩 레깅스', 한번 입으면 다른 바지는 못 입는다고 하여 '마약 바지', 차원이 다른 편안함으로 입는 순간 3초 만에 빠져든다고 해서 '3초 브라', 입으면 바로 감탄이 나와 '감탄 브라' 등 본명인 상품명보다 닉네임으로 더 큰 명성과 사랑을 받아, 고객이 상품을 닉네임으로 찾게 하는 패션 상품도 많다.

이밖에도 다양한 카테고리에서 본명인 상품명뿐만 아니라 닉네임을 잘 짓기 위해 많은 시간을 투자하며 노력하는 데 집중하고 있다.

이렇듯 잘 지어진 닉네임은 매출상승과 곧바로 직결되기 때문에 판매 활동에 나서기 전에 상품과 잘 어울리는 닉네임을 먼저 작명하는 것이 좋다.

이미지에 죽고 이미지에 산다

데이비드 아커 교수는 "브랜드도 마치 사람처럼 차별화 되고 개성을 지닌 존재이다." 라고 말했다. 브랜드뿐만이 아니다. 상품도 마찬가지이다.

'차별화 되고 개성을 지닌 존재'를 다른 말로 표현하면, '이미지를 가진 존재' 라는 말과 같다. 이미지가 주는 영향은 막강한 힘을 가진다. 브랜드와 상품의 이미지가 좋으면 매출이 높아지는 것은 물론이고, 시대를 초월하는 브랜드와 상품으로 자리 잡을 수 있다.

이미지 메이킹에 성공하여 오랫동안 사랑받는 것을 넘어 표준화가 된 상품도 많다. 체했을 때 '까스활명수', 긴장될 때 '우황청심환', 상처에는 '후시딘' 등 필요할 때 가장 먼저 생각나는 상품이 있다.

이처럼 고객의 마음속에 우리 브랜드와 상품이 어떻게 자리를 잡으면 좋을지, 또 고객에게 제시하고 싶은 전략화 된 모습은 어떤 모습일지를 판매하기 전에 먼저 이미지 메이킹 해야 한다.

이미지 메이킹을 할 때는 이미지를 한 줄로 표현할 수 있는 핵심 문장이 중요하다. 불필요한 단어와 말은 삭제하고 문장을 압축하여 이미지를 한 줄로 표현할 수 있어야 한다.

하지만 잘 만들어진 문장은 절대로 한 번에 만들어지지 않는다. "뚜렷한 기억력보다 희미한 연필 자국이 더 오래간다." 라는 말이 있다. 브랜드와 상품의 이미지를 한 줄로 표현할 수 있는 문장을 머릿속으로만 생각하지 말고, 판매하기 전 지금 당장 노트와 연필을 꺼내 써보는 것을 적극적으로 추천한다.

판매 후 체크리스트

고정된 콘셉트는 NO, 변화만이 살길!

판매활동을 시작했다면 브랜드와 상품의 콘셉트가 정해진 상황일 것이다. 하지만 한번 정해진 콘셉트라고 해서 무조건 정답이라고 할 수만은 없다. TV 프로그램만 봐도 시즌 1, 시즌 2를 나누어 진행하는 프로그램이 늘고 있다. 시즌 1을 진행하면서 시청자들의 반응을 살펴보고, 다음 시즌에는 시즌 1에서 반응이 좋았던 콘셉트의 비중을 높게 설정한다. 또 시청자로부터 좋지 않은 반응을 받았던 콘셉트는 아예 삭제하거나 보완해 프로그램을 제작한다.

외식산업은 또 어떠한가? 평소 먹을 수 있는 상시 메뉴 이외에 계절마다 특별 콘셉트를 추가해 '한정 메뉴'라는 상징성을 내세운 메뉴를 선보인다. 또 카페와 음식점에서 음식뿐만이 아니라 콘셉트에 맞는 굿즈를 제작해 판매하기도 한다.

브랜드와 상품 콘셉트 확장의 좋은 사례는 대한제분의 '곰표' 브랜드다. 1952년에 설립된 대한제분의 '곰표'는 나이가 많은 어른들에게 매우 익숙한 밀가루 브랜드였다. 하지만 곰표는 이제 변화를 선택했다. 2017년 자체 마케팅 조사를 통해 곰표 브랜드의 인지도가 떨어졌음을 확인하고, 브랜드 활성화 전략을 세우게 되었던 것이다. 이때 마침 의류업체가 곰표 브랜드를 무단으로 사용해 티셔츠를 판매하는 것을 알게 되자, 브랜드의 무단 도용에 대한 소송을 하는 대신 의류업체와 협업을 진행하기로 하였다.

결과는 폭발적이었다. 촌스럽지만 귀여운 '곰표' 로고의 매력에 반한 젊은 세대 사이에 레트로 열풍이 불며, 곰표라는 브랜드에 더욱 호감을 불러일으키게 된 것이다.

곰표는 이 기세를 몰아 협업의 영역을 넓혀갔다. 밀가루 브랜드였던 곰표는 뷰티제품인 밀가루 쿠션, 핸드크림, 썬크림으로 화장품 분야까지 콘셉트를 확장하였는데, 얼핏 보면 브랜드 콘셉트 확장만을 위한 무분별한 협업이라고 생각할 수 있겠지만 하얗고 고운 밀가루의 이미지가 그대로 이어졌음을 알 수 있다.

곰표는 이제 화장품, 맥주, 치약, 주방세제 등 다양한 카테고리로 브랜드와 상품의 콘셉트를 확장해 나가고 있다. 젊은 세대에게 곰표는 이제 더 이상 밀가루 브랜드가 아니다.

대한제분이 곰표 브랜드를 밀가루로부터 탈피해 다양하게 확장시킨 것처럼, 브랜드와 상품의 콘셉트를 살아 있는 '하나의 생명체'라는 생각을 가지고 진화시켜 나가야 한다.

그럼 콘셉트에 변화를 가져올 때 완전히 다른 카테고리를 추가하여 콘셉트에 변화를 주고 넓혀 나가는 것만이 방법일까?

다른 카테고리를 추가하는 것 이외에 이미 가지고 있는 상품의 활용도를 높여 콘셉트를 넓혀 가는 방법도 있다.

'바셀린'으로 예를 들어 보자. 바셀린의 원래 용도는 피부에 바르는 보습제다. 하지만 피부에 사용하는 것 외에 바셀린은 굉장히 안정적이고 점도가 높은 기름 성분이라는 것을 활용하여 잘 열리지 않는 지퍼에 사용하거나 가죽에 광택을 낼 때, 바닥이나 책상에 있는 낙서를 지울 때 등 다양한 활용법을 찾아냄으로써 피부 보습뿐 아니라 만능 아이템으로 상품의 콘셉트를 넓혀 갔다.

또 최근 예상치 못 한 활용법을 찾아냄으로써 품귀 현상을 일으킨 상품도 있다. 바로 미술용품인 '화홍 스파츌라 81번'이다. 원래 그림을 그릴 때 사용하는 용도를 가진 도구이지만 화장을 할 때 파운데이션을 얇게 바를 수 있다는 활용법이 등장하면서 미술용품이 아닌 뷰티용품으로 콘셉트가 변경되며 넓혀 졌다. 덕분에 화방에 뷰티 도구를 구매하러 가는 사람이 생겨나고 온라인에서도 한동안 찾아보기 어려운 상품이 되었다.

와플 메이커도 와플을 굽는 용도에서 벗어나 한식 조리에 활용법이 제시되면서 와플 메이커에 관심이 없던 고객까지 구매욕을 자극했다. 특히 와플 메이커로 고기 굽기, 계란프라이, 김치전, 감자전, 떡 와플 등 다양한 요리에 활용할 수 있다는 점이 널리 알려지면서 신혼집에 있을 법한 와플 메이커가 자취생 필수 아이템으로 자리를 잡았다.

위에서 보았던 사례는 무엇을 의미할까? 한번 정해진 브랜드와 상품의 콘셉트가 영원하다는 생각에서 벗어나야 한다는 의미다. 유연하게 포지션을 변경할 수 있는 운동선수처럼 트렌드에 맞게 전략을 바꿔 보아야 한다.

고객은 충분히 체험하고 있는가?

브랜드 인지도를 넓히기 위한 마케팅에서 무엇보다 중요한 것은 고객이 즐겁게 참여할 수 있는가이다.

많은 상품 중에서 한 가지 상품을 선택해 구매해야 하는 고객의 입장에서 보면 생각하는 것 자체가 피로한 일이다. 특히 기본적인 품질에서 별 차이가 나지 않는 현 시대에서는 더 그렇다. 각각의 브랜드에서 출시하는 상품의 품질은 다 비슷비슷하고, 온라인을 통해 가격까지 쉽게 비교할 수 있게 되었다. "왜 하필 우리 브랜드의 상품을 구매해야 하는가?"에 대한 또 다른 차별점이 있어야 한다는 의미다.

미국 컬럼비아대학교 교수이자 브랜드전략의 최고 권위자인 번트 슈미트Bernd H. Schmitt는 고객체험에 인간이 느끼는 다섯 가지의 '애매한 감각'을 적용할 수 있다고 하였다.

인간이 느끼는 애매한 감각으로는 ① 감각적(고객의 오감을 자극할 수 있는 미美에 초점을 맞춤) ② 감성적(고객의 기분과 감정을 자극하여 브랜드와의 유대 관계 형성) ③ 지성적, 인지적(고객의 욕구 자극) ④ 신체적, 행동적(고객의 신체와 감각 자극) ⑤ 사회관계적(고객과 브랜드와의 사회적, 문화적으로 관계 연결)인 것이 있다.

이 애매한 다섯 가지 감각을 고객체험에 적용시킬 때는 오감 전부를 조합하여 사용해도 되고, 필요한 감각의 일부만 사용하여 전략을 수립해도 된다.

여기까지 본다면 고객체험에 대해 어렵게 생각할 수도 있지만 대한민국 사람이라면 이 고객체험을 경험해 보지 못 한 사람은 없을 거라고 자신 있게 말할 수 있다.

고객체험을 가장 쉽게 접할 수 있는 곳은 바로 마트의 시식코너이다. 시식은 고객의 오감을 만족시키기 위한 고객체험의 좋은 예시다. 마트에서 쇼핑을 하면서 코로는 음식 냄새를 맡고, 눈으로는 굽고 볶고 끓이는 모습을 보고, 귀로는 판매원이 하는 설명을 듣고, 최종적으로 음식을 맛보면서 자연스럽게 상품을 구매했던 경험이 있을 것이다. 이처럼 고객체험의 힘은 강력하다. 그래서 많은 대기업 브랜드에서도 고객체험을 통해 고객을 끌어들이기 위한 다양한 마케팅을 시행한다.

예시로 브랜드 '러쉬'는 비누의 향과 촉감을 만지고 경험하는 감각적 경험을 넘어 고객의 참여로 만들어지는 각종 공익 캠페인으로 다양한 감각을 복합적으로 느낄 수 있도록 고객체험 전략을 세웠다.

고객에게 즐겁고 유쾌한 체험을 얼마나 제공했는지, 더 제공할 것은 없는지 항상 체크하면서 마케팅을 한다면 매출 곡선은 지속가능하게 상승곡선을 그리게 될 것이다.

베스트셀러
판매의 법칙

매출이 폭발하는 황금타임의 분석

세일즈는 타이밍이다

마케팅전략, 소위 상술이라는 것을 알면서도 모른 척 지나갈 수 없는 날이 있다. 바로 '○○데이'이다. 다양한 '데이'가 다가오면 고객은 상술이라는 것을 인지하는 이성보다 낭만, 기분, 추억을 자극하는 감성이 앞서게 되고 그래서 지갑을 열지 않을 수가 없다.

우리나라에는 한 달에 한 번은 크고 작은 '데이'가 있다. 1월부터 12월까지 매월 14일마다 이벤트처럼 특정 '데이'가 있으며, 3월 3일 (삼삼데이) 삼겹살 먹는 날, 9월 2일(구이데이) 닭고기 먹는 날, 11월 11일(빼빼로데이) 빼빼로 주는 날 등 날짜 특징에 맞게 다양한 '데이'도 있다.

하루가 아닌 한 달 전체가 이벤트 같은 달인 '5월'은 환호성을 지를 수 있는 달이다. 5월 5일 어린이날, 5월 8일 어버이날, 5월 15일 스승의 날, 5월 21일 부부의 날, 5월 셋째 주 월요일은 성년의 날로 한 달 전체가 기념일이다. 그리고 1년에 2번 큰 명절인 설날과 추석, 12월

22일이나 23일 무렵에 드는 동짓날, 학생들의 입학시즌과 졸업시즌을 포함하면 1년 12달이 이벤트 날로 가득 채워지게 된다.

이렇게 누군가 먼저 만들어 시행했던 마케팅전략인 'OO데이'와 우리나라 고유의 명절 등을 달력에 표시해 두고 미리 준비함으로써 이벤트 기념일에 끌려 다니는 게 아니라 끌고 가야 한다.

1년 12달이 특별한 이벤트 데이

기념일 날짜	기념일 종류	기념일 날짜	기념일 종류
1월 14일	1년 동안 쓸 플래너를 주는 다이어리 데이	2월 14일	여자가 남자에게 초콜렛 주며 고백하는 발렌타인데이
3월 14일	남자가 여자에게 사탕 주며 고백하는 화이트데이	4월 14일	솔로끼리 자장면을 먹으며 위로하는 블랙데이
5월 14일	연인끼리 장미를 선물하며 사랑을 표현하는 로즈데이	6월 14일	연인끼리 입맞춤을 나누는 키스데이
7월 14일	연인끼리 은반지 주고 받는 실버데이	8월 14일	좋아하는 음악 선물하는 뮤직데이
9월 14일	연인과 꽃바구니를 안고, 사진을 찍는 포토데이	10월 14일	연인에게 와인 선물하는 와인데이
11월 14일	영화 보는 무비데이	12월 14일	사랑하는 사람 서로 안아 주는 허그데이
3월 3일	삼겹살 먹는 삼삼데이	5월 3일	오징어와 삼겹살이 들어간 오삼불고기 먹는 오삼데이
9월 9일	닭고기 먹는 구구데이	10월 31일	할로윈 데이
11월 11일	빼빼로 주는 빼빼로 데이		

음력 1월 1일	설날	음력 8월 15일	추석
12월 22일 or 23일	동지		
5월 5일	어린이날	5월 8일	어버이날
5월 15일	스승의날	5월 21일	부부의날
5월 셋 째 월요일	성년의날		

2월	졸업시즌	3월	입학 시즌
8월	여름휴가 시즌		

시즌? 비시즌? 365일 시즌이다!

한여름에 내의를 불티나게 판매할 수 있을까? 대다수의 사람들은 '내의는 겨울용품이므로 겨울에 판매해야 잘 팔릴 것'이라고 생각하거나 역 시즌 세일상품 정도로 생각한다.

그러나 관점을 전환하면 한 여름에도 내의를 불티나게 판매할 수 있다. 유니클로가 그 예시다. 유니클로는 "덥다구요? 입을수록 시원한데." 라는 관점의 전환으로 여름에도 내의가 잘 팔리게 만들었다. 계절을 가리지 않고 365일 팔리는 품목으로 만든 것이다.

유니클로가 관점 전환을 한 상품은 '에어리즘'이다. 한여름 30도가 넘는 더위에 피부에 밀착된 내의가 땀을 흡수함과 동시에 통기성이 좋게 만들어 겨울뿐만 아니라 여름에도 내의를 파는 기업이 되었다.

365일 잘 팔리는 상품을 만들기 위해서는 분명한 관점의 전환이 필요하다. 하지만 관점이라는 것은 한 번에 바뀌지 않는다. 그래서 판매 활동에서는 물론이고, 일상 속에서 계속 바꿔나가야 한다.

예를 들어 물을 마시려고 하다가 바닥에 쏟았다고 해보자. 바닥에 쏟아진 물을 보며 "닦아야 하니까 짜증이 난다." 라는 관점보다 깨끗한 물이 쏟아졌으니 "다행이다. 덕분에 청소한다. 물이 쏟아진 것이 아니라 복이 쏟아졌다." 라는 관점이 훨씬 편안하게 만들고 좋게 만든다. 이렇게 서서히 좋은 관점으로 바꾸어 나가다 보면 그동안 다른 관점에 가려져 보이지 않았던 세상이 보이게 된다.

이미 수없이 많은 브랜드와 상품들이 치열하게 경쟁을 벌이고 있는 와중에서 내 제품을 사회적으로 구조화된 관점으로만 보고 판매

활동을 한다면 성공할 수 없다. 일반적인 인식으로 굳어진 소비자들의 관점을 흔들어 비시즌이 없는, 365일 매일매일이 시즌이 될 수 있도록 만들기 위한 노력을 기울여야 한다.

연출력이 다르다

시각을 연출하라

"보기 좋은 떡이 먹기도 좋다"는 속담을 모르는 사람은 없을 것이다. 아무리 맛이 있어도 시각적으로 먹음직스럽지 않으면 식욕을 제대로 자극할 수 없다는 데 비추어 "내용물도 중요하지만 겉모양새를 역시 중요하다"는 경구警句다.

그만큼 상품의 시각적 연출은 고객의 구매욕구를 자극하는 강력한 세일즈 무기다. 같은 상품이라도 어떻게 연출을 했느냐에 따라 상품의 품격이 올라간다. 그리고 그 상품을 구매하는 고객의 품격도 함께 올라가게 만든다.

상품을 시각적으로 잘 연출해 매력적으로 보이도록 하기 위해서는 상품에 대한 이해도가 높아야 한다. 상품의 특징은 물론이고, 상품을 사용했을 때의 가치와 혜택, 판매하고자 하는 타깃고객을 정확하게 이해하고 연출해야 한다.

같은 상품이라도 여성을 대상으로 판매할 것인지, 남성에게 판매할 것인지에 따라 연출이 달라야 하며, 젊은 세대가 주 고객층인지 중년 세대가 목표인지에 따라서도 다르게 연출해야 한다.

이때 공통적으로 사용할 수 있는 기법이 바로 비교기법이다. 비교기법은 시각적으로 잘 보여 줄 수 있는 연출법이다. Before와 After로 비교하여도 좋고 다른 상품과 비교를 해봐도 좋다. 홈쇼핑이나 라이브커머스(라이브 스트리밍 비디오와 온라인 쇼핑을 결합한 전자상거래의 한 형태) 방송을 보면 끊임없이 비교 연출하면서 해당 상품이 다른 상품에 비해 얼마나 뛰어난지 어필하는 장면을 많이 봤을 것이다.

예를 들어 뷰티상품 판매에서 파운데이션이나 쿠션을 세일즈할 때는 Before와 After를 이용하여 한쪽 얼굴에는 파운데이션과 쿠션을 바르고 반대쪽 얼굴은 바르지 않아 잡티가 있는 체로 연출하여 고객의 눈을 사로잡는다. 청소용품이나 정리용품 역시 Before와 After를 많이 이용하는 것을 흔히 볼 수 있다. 시각적으로 사용 전후를 비교해 보여줌으로써 고객의 구매욕구를 상승시키는 것이다.

건강기능식품의 경우에는 Before와 After보다 우리 회사에서 판매한 이전 제품과 지금의 제품이 어떻게 달라졌는지 비교하거나 우리 회사와 타사 제품의 함량, 용량 등을 비교해서 어필하는 경우가 효과적이다. 필요하다면 투명한 컵에 부어 밀도와 점도 등을 비교하기도 한다.

이밖에도 패션, 잡화, 음식 등 다양한 카테고리에서 비교기법으로 고객의 시각을 만족시켜 구매로 연결되게 만든다.

득템력을 연출하라

365일 똑같은 구성과 가격 혜택으로 판매하게 되면 고객은 지루함을 느낄 것이다. 이럴 때는 변화를 주어 한정판, 한정상품 등 '득템력'이라는 특별함을 연출함으로써 고객의 관심을 끌고 상품 구매의사를 강화시킬 수 있는 계획을 세워야 한다.

'득템력'이란 돈을 지불하는 능력만으로 얻을 수 없는 희소성을 가진 물건을 얻을 수 있는 능력을 뜻하는 신조어다. 희소성을 가진 상품은 돈을 더 주고서라도 구매하고 소유하고 싶게 만든다. 실제로 품절 대란까지 일으켜 압도적인 인기를 자랑한 상품이 있다. 바로 2014년에 해태제과에서 출시한 '허니버터칩'이다.

허니버터칩은 대대적인 광고를 하지도 않았다. SNS를 통한 입소문만으로 불티나게 팔려 나갔다. 폭발적인 수요로 인해 공급이 따라가지 못 하면서 결국 품귀현상이 일어났고, 중고거래 사이트에서는 원가보다 3배나 높은 가격에도 없어서 팔지 못 하는 사태까지 벌어졌다. 심지어는 허니버터칩을 낱개로 비닐 백에 담아 판매하기도 하고, 냄새를 판매한다는 글까지 올라왔었다.

또 2022년 SPC삼립에서 출시한 화제의 캐릭터 빵, '포켓몬빵'은 어떤가? 빵 하나를 사기 위해 전국 대형마트에 오픈런open run을 위한 긴 줄이 생기기도 하고, '인형뽑기방'에 포켓몬빵이 경품으로 걸리기도 하였다. 중고거래 마켓에서는 원가 1,500~3,000원이던 빵이 1만 원이 넘는 가격에 재판매가 되기도 했다. 특히 포장 안에 들어 있는 스티커는 '포켓몬 스티커 시세표'가 따로 나와서 거래가 될 정도로 폭발적인 인기를 끌었다. 여기서 더 신기한 것은 인기가 치솟자 관심이 없던 사람마저 포켓몬빵을 구하기 위한 줄서기에 뛰어들었다는 것이다.

이런 구매 대란에는 '득템력'이라는 소비 트렌드가 반영되어 있다. 현 시대의 소비 트렌드인 득템력을 이용하는 상품 전략을 세워 연출한다면 그야말로 대박의 경험을 누리게 될 수도 있을 것이다.

다른 셀러들과
차별화 되는 구성력

    어떤 종류든 상품과 서비스를 구성해서 판매하고자 할 때는, 가장 먼저 대상 시장을 파악하는 것이 중요하다. 판매하고자 하는 상품과 서비스를 구매할 가능성이 높은 고객층의 나이와 취향, 라이프스타일, 소비력을 파악해야 하는 것이다.

    현재 소비시장에서 무시할 수 없는 세대는 MZ세대이다. MZ세대는 소비시장에서 절대적인 중심을 차지하고 있다. 그럼 MZ세대는 과연 누구일까? MZ세대는 1980~1990년대 초에 태어난 '밀레니얼Millenial', 즉 M세대와 1990년 중반~2000년대 초반에 태어난 Z세대를 말한다.

    2019년 통계청인구조사에 의하면 MZ세대는 1,700만 명으로 우리나라 전체 인구에 34%를 넘게 차지하고 있다. 특히, MZ세대 중에서 M세대는 2022년 기준 30대~40대의 나이로 경제활동에서 가장 중심을 이루고 있는 세대다. 기업과 셀러로서는 '돈'이 되는, 현재 경제활동이 가장 활발한 M세대와 향후 경제활동을 이끌어 나갈 Z세대에 집중할 수밖에 없다. 결국 사람이 모이는 곳에 돈이 모이고, 돈이 모이는 곳에서 돈을 벌 수 있기에 소비의 주축을 이루고 있는 MZ세대의 소비 특징을 잘 파악하고 공략해야 한다.

'요즘 애'들인 MZ세대 소비

기존 세대의 입장에서 보면, 어딘가 모르게 분명히 다른, 이해하기 어려운 MZ세대만의 사고방식과 소비 특징이 있다. 소위 '요즘 애'들인 MZ세대의 마음과 트렌드를 파악해야 그들을 사로잡고, 마케팅을 하고, 세일즈를 할 수 있는 것이다.

MZ세대의 소비 특징을 2가지로 정리해 보자.

플렉스Flex 소비를 하는 자린고비 MZ세대

MZ세대의 소비를 이야기할 때 '플렉스'를 빼놓을 수 없다. "플렉스 해버렸지 뭐야~" "탕진잼(탕진하는 재미)"이라는 말이 유행어가 될 정도로 플렉스 소비를 통해 자신의 재력을 다른 사람에게 자랑하고 거기서 얻어지는 자기 만족감을 즐기는 소비를 한다.

하지만 플렉스 소비를 하기 위해서는 평소 지갑 사정을 생각하지 않을 수가 없다. 그래서 고정적으로 지출되는 생필품의 구매는 조금이라도 저렴한 것을 선호하며, 할인쿠폰과 적립금까지 꼼꼼하게 챙긴다. 또 매일 먹는 식사는 가성비 좋은 편의점 도시락과 삼각김밥으로 때우지만, 여기서 아낀 돈으로 내가 만족감을 느낄 수 있는 소비라면 과감하게 지갑을 열고 가격을 따지지 않는 소비를 한다.

미닝아웃, 가심비 소비를 하는 선한 오지라퍼, MZ세대

미닝아웃Meaning Out은 '신념'을 뜻하는 미닝Meaning과 '벽장 속에서 나오다.' '정체성을 드러내다'의 뜻인 커밍아웃Coming Out이 합쳐진 신조어다. 소비를 통해서 사회적 참여와 정치, 윤리, 환경적 신념을 적극적으로 표현하고 나타내는 것을 의미한다.

MZ세대는 더 이상 기업과 브랜드의 질 좋은 상품과 성능만을 보고 구매하지 않는다. 내가 실질적으로 소비하는 상품뿐 아니라 기업과 브랜드의 이미지 자체를 본다. 상품에 기업과 브랜드의 이미지를 그대로 반영해서 보기 때문에, 사회적으로 선한 영향력을 주는 착한 기업, 착한 브랜드는 돈으로 혼쭐을 내 주는, 일명 '돈쭐'을 내 주기도 한다. 또, "가지 않습니다. 사지 않습니다"와 같은 보이콧Boycott 운동의 반대 활동인 "갑니다. 삽니다"의 바이콧Buycott 운동에 동참하기도 한다.

비윤리적이거나 부도덕한 기업과 브랜드에 대해서는 징벌적인 불매운동, 보이콧Boycott 운동에도 적극적으로 동참하면서 아무리 합리적인 가격이라도 소비를 거부하는 선한 오지라퍼인 MZ세대는 상품과 서비스의 가격에 집중하기보다 가치에 집중하며, 가격 대비 심리적 만족감을 얻을 수 있는 일명 '가심비'가 있으면 가격이 조금 비싸더라도 심리적 만족감을 위해 기꺼이 지갑을 여는 세대적 특성을 가지고 있다.

따라서 MZ세대를 주 고객으로 상품을 구성할 때는 앞에서 이야기 했던 것과 같은 MZ세대의 소비 특징을 만족시킬 수 있도록 고려해야 한다.

모든 세대가 원하는 상품 구성

올인원 구성

상품이나 서비스의 구성은 최대한 고객으로 하여금 선택에 대한 고민 없이 한 번에 구매 결정을 내릴 수 있도록 해야 한다. 즉 올인원 상품 구성을 통해 고객의 선택을 단순화 시키는 것이다

선택 사항이 많은 것은 고객에 대한 배려가 아니다. 오히려 고객에게 많은 생각을 하도록 만들어 고객의 뇌를 피곤하게 만들 뿐이다. 상품 선택의 시간을 줄여 줌으로써 고객의 뇌를 편안하게 만들어 주고 이는 매출로 연결되기 때문에 올인원 구성이 필수이다.

어울리는 상품 구성

상품과 서비스를 구매할 때 함께 사용하는 추가적인 상품이 있다면 이 상품들을 어울리게 구성하여 판매하는 것이 좋다.

예를 들어 다이어리를 판매한다면 다이어리 속지, 다이어리 포켓, 스티커, 다이어리 인덱스 등을 함께 판매함으로써 고객이 편리하게 상품과 서비스를 구매할 수 있도록 하는 것이 중요하다.

이벤트 상품 구성

이벤트가 있는 곳은 항상 사람들로 가득하다. 1+1, 2+1의 이벤트 상품 구성은 고객을 그냥 지나칠 수 없도록 만든다. 당장 필요하지 않더라도 궁금증으로 인해 눈길을 주게 되고, 가격이 싸다고 느끼면 충동적으로 구매하게 만드는 상품 구성이다. 1+1, 2+1 상품 구성이 아니더라도 가격 할인이나 사은품을 주는 이벤트는 고객을 기분 좋게 하는 상품 구성이다.

매력적인 상품 구성은 추락하는 매출도 심폐소생이 가능하다. 고객의 마음과 눈길을 잡을 수 있는 매력적인 상품 구성으로 '구매하지 않으면 오히려 손해'라는 느낌을 고객에게 전해야 한다.

무조건 판매가 아닌
전략적 판매

세상에서 가장 강력한 개인용 장치

'세상에서 가장 강력한 개인용 장치'라는 '상품언어표현' 마케팅을 통해 100만 원이 훌쩍 넘는 값비싼 휴대폰을 전 세계적으로 품절시킨 회사. 애플이다. 애플은 제품을 소개할 때, 제품의 성능과 기능을 강조하지 않았다. 아이폰이라는 제품이 유저들의 삶을 편안하고 에너지 넘치게 변화시킬 것이라는 점만을 강조했다.

애플은 '세상에서 가장 강력한 개인용 장치'라는 문구를 사용하여 고객들에게 제품의 성능 대신 제품의 가치를 만들어 준다는 점을 강조했고, 이로 인해 전 세계적으로 골수 충성파인 애플 유저들이 생겨 났다. 다른 스마트폰 제조사들이 업그레이드된 기능과 성능을 어필하는 홍보전략과 마케팅전략에 따라 움직이고 있을 때, 애플은 '아이폰'이 제공하는 가치와 경험을 어필함으로써 고객을 사로잡아 골수 팬으로 만든 것이다.

애플의 언어 마케팅, '개인용 컴퓨터의 재발명'

애플은 맥북을 '개인용 컴퓨터의 재발명'이라는 언어 마케팅으로 스토리텔링을 했다. 이는 맥북이 고객의 삶과 일상을 혁신하고 개인의 필요와 성격에 맞게 커스터마이징 할 수 있는 새로운 컴퓨팅 경험을 제공한다는 것을 강조한 언어 메시지 마케팅이다. MZ세대들의 니즈에 맞춰진 '개인용 컴퓨터의 재발명'은 당연히 없어서 살 수 없을 정도로 폭발적인 성공을 거두었다.

애플은 화려한 디자인 대신 '단순, 우아, 완성'이라는 세 단어로 상품 표현부터 깨끗하게 정리했다. 그리고 단순하면서도 우아한 라인과 함께 완성도 높은 시각적 이미지를 제공하면서 언어 마케팅과 시각 마케팅이라는 두 마리 토끼를 다 잡으며 누구나 소유하고 싶은 제품이 되었다.

애플은 디자인의 키워드를 차별화로 표현하고 이미지를 구축했다. 간결한 마케팅 메시지로 고객의 이목을 끌고, 자사 제품의 기능과 이점을 명료하게 전달했으며, 제품의 가치를 경험으로 제공하면서 강력한 브랜드 이미지를 구축한 것이다.

애플이 세계적인 브랜드가 되는 데는 '상품표현'이라는 마케팅전략이 있었다.

애플의 예를 통해 상품표현이 구매에 있어서 매우 중요한 요소라는 점을 알 수 있다. 서점에 가서 책을 고를 때 제목이 눈에 띄지 않는다면 아무리 좋은 내용을 담고 있다고 하더라도 무심코 지나치게 되는 것처럼 제품에 대해 가장 크게 어필할 수 있는 첫 번째 요소가 바로 상품 프로필 이미지와 상품명이다. 좋은 디자인임에도 프로필에서 이러한 부분이 제대로 드러나지 않거나 상품명이 제품과 무관하고 기억하기 어렵다면 그 제품에 대한 관심이 떨어지게 되고 매출 자체에 영향을 미칠 수밖에 없다. 따라서 상품 이미지를 선정할 때는 제품 포인트가 잘 드러나는 이미지를 선정해야 하며 상품명 또한 제품과 관련된 포인트가 잘 드러나 쉽게 기억할 수 있도록 해야 한다.

다양한 상품 중에서 고객이 어떤 상품을 선택할지 결정하는 데 상품표현이 매우 큰 역할을 한다는 점에 대해서는 이제 충분히 이해할 수 있을 것이다. 상품표현은 고객에게 실제로 어떤 가치를 제공하는지, 그리고 제품의 차별화된 장점은 무엇인지 보여 주는 것이기 때문이다.

애플의 상품표현 마케팅이 성공한 것처럼 상품표현 마케팅은 단순히 제품 정보를 전달하는 것 이상으로 고객의 마음과 감정에 호소함으로써 고객을 사로잡는 전략이다. 제품의 특징이나 가치를 강조하면서도 그것을 감성적으로 포장하여 고객의 심리적인 욕구까지 충족시키는 제품표현이 매우 중요하다고 할 수 있다.

상품표현전략이 차별화된 마케팅으로서 얼마나 효율적인지를 이해하게 되었다면 애플의 사례를 벤치마킹하면서 SNS 채널, 상세페이지, 방송 멘트 등 소비자의 반응이 곧바로 일어나는 채널을 활용해 돈을 쓰지 않고도 시행할 수 있는 마케팅으로 활용 할 방법을 찾아보도록 하자.

브랜드도 상품도 사람도 결국에는 스토리

큰 관심을 두지 않았던 연예인, 인플루언서, 유튜버들의 데뷔 스토리나 개인적인 이야기를 듣다 보면 나도 모르게 그 사람과 가까워진 느낌과 함께 어느 순간 응원하는 팬이 되어 있는 경험을 해보았을 것이다. 지금은 화려해 보이는 사람이지만 불우했던 어린 시절 스토리, 겉보기에는 작고 여려 보이지만 강한 정신력으로 끊임없는 노력으로 버텨냈던 성공 스토리 등의 다양한 스토리를 접하면서 그 사람이 더 가치 있고 빛나 보이는 경험이 있지 않던가.

브랜드와 상품도 마찬가지다. 고객에게 브랜드가 가지고 있는 역사와 마인드, 추구하는 가치에 스토리를 입혀 브랜드의 신뢰성을 깊게 인식시켜야 한다. 또 상품을 개발하는 과정에서 고객을 감동시키기 위해 어떤 마음으로 치열하게 노력했는지에 대한 스토리를 더해 더욱 높은 가치를 가진 상품으로 만들어야 한다.

떡볶이는 평소 어디서든 흔하게 먹을 수 있는 메뉴다. 하지만 '40년 전통으로 아들, 며느리가 가업을 이어받아 비법 육수와 3일 이상 숙성한 소스만 사용해 만드는 떡볶이'라는 브랜드와 상품에 스토리를 입히게 되면 평범한 떡볶이 메뉴에서 "이 집의 떡볶이는 다르다." 라고 인식되는 만큼 그 가치가 높아진다.

스토리는 맛집이나 음식뿐만이 아니라 브랜드와 상품, 서비스 등 어떠한 카테고리를 판매하더라도 필수다. 그리고 중요한 것은 브랜드와 상품의 스토리를 "고객이 알아 주겠지." 라고 생각해서는 안 된다. 알려야 한다. 내가 적극적으로 고객에게 숨겨진 스토리를 알리지 않으면 안 된다.

호기심과 기대감을 가지게 만들어라

누구나 새롭고 신기한 것에 궁금증을 느낀다. 모르는 것에 대해서는 알고 싶은 마음이 든다. 누구나 다 가지고 있는 심리다. 이런 호기심과 기대감은 판매전략을 세우는 데 매우 중요한 요소다.

호기심과 기대감을 자극하는 판매전략에는 미스터리 박스, 랜덤박스가 있다. '꽝'이 없는 랜덤박스와 가성비가 높은 랜덤박스는 몇 년 전부터 큰 인기를 끌고 있다.

랜덤박스의 카테고리도 다양하다. 매해 '오픈런'으로 줄을 서서 구매해야 하는 대기업 브랜드 카페의 텀블러, 머그잔 랜덤박스부터 온라인에서 유행처럼 번져가고 있는 향수 랜덤박스, 시계 랜덤박스, 피규어 랜덤박스, 간식 랜덤박스 등 다양한 랜덤박스가 고객들의 호기심과 기대감을 채워 주며 마음을 사로잡고 있다. 또 랜덤박스에 담지 못 하는 무형 서비스의 경우에는 회원에게만 공개하는 시크릿 영상이나 정보공개를 제안함으로써 고객들의 호기심을 자극할 수 있다.

소통하지 않으면 터진다

고객과의 소통은 상품과 서비스 만족도를 높이는 데 매우 큰 역할을 한다. 소통은 상품과 서비스를 구매하기 전부터 구매하고 난 이후까지, 모든 과정에서 중요하다. 고객이 무엇을 궁금해 하고 불편해 하며 어떻게 개선되기를 원하는지 적극적인 자세로 대처해야 한다.

고객과의 소통에 있어서는 명확한 메시지로 이루어져야 한다. 고객이 이해하기 쉽도록 해야 하며, 고객의 요구에 대해서는 최대한 빠르게 처리하는 것이 중요하다. 모호한 답변은 오히려 불만을 키우고 그동안 쌓아놓은 신뢰만 떨어뜨릴 뿐이다.

마인드도 전략

상품과 서비스 판매에 대한 노하우를 가지고 있다고 해도 고객을 대하는 좋은 마인드를 장착하고 있지 않다면 한철 반짝하고 마는 장사꾼으로 남겨질 것이다. 한철 반짝하는 장사꾼이 되지 않기 위해서는 스스로 한계를 규정짓지 말아야 한다.

자신이 가지고 있는 능력의 한계를 모호하게 판단해 규정을 지으면 더 나은 아이디어, 더 나은 서비스가 나올 수 없게 된다. 자신의 능력에 만족하고 한계치를 정해 그것을 뛰어넘기 위한 노력을 포기하다 보면 다른 비전과 가치를 보지 못 하고 발전은 퇴보한다.

지속적으로 자신의 영역을 넓혀 가기 위해서는 자신의 한계를 규정지어서는 안 된다. "끊임없이 업그레이드하자." 라는 마인드로 더 높은 곳으로 뛰어오르기 위한 도전을 그쳐서는 안 된다.

숏폼,
1분 마법 만들기

숏폼, 너는 누구냐?

'숏폼'은 15초~1분 정도의 짧은 동영상 콘텐츠를 뜻한다. 짧지만 강력한 힘을 가지고 있는 이 숏폼의 대표적인 플랫폼으로는 틱톡, 릴스, 쇼츠가 있다.

'틱톡'이 짧은 영상 콘텐츠로 열풍을 불러 일으키기 시작했을 무렵만 해도 대다수의 사람들은 한순간 바람몰이를 하다 지나가는 10대들의 유행 정도로 바라보았을 뿐이었다.

하지만 지금은 완전히 달라졌다. 이름만 들어도 알 수 있는 글로벌 플랫폼에서도 숏폼 콘텐츠를 만들고 있다. 대기업에서 숏폼 콘텐츠를 만든다는 의미는 '숏폼이 돈이 된다는 의미'다.

숏폼 열풍은 우리나라에서만 불고 있는 게 아니다. 최근 미국과 영국에서 "사람들이 가장 오래 머무르는 SNS 플랫폼은 어디인가?"에 대한 조사가 있었다. 재미있는 결과가 나왔다. "롱폼 플랫폼인 유튜브일 것이다." 라는 예상을 벗어나 '틱톡'이 가장 높은 평균 시청시간을 보인 것으로 나타난 것이다. 단순히 '롱폼'이라고 해서 오래 머무르고 '숏폼'이라고 해서 짧게 머무르는 것이 아니라 숏폼이 롱폼을 이길 수 있는 강한 중독성을 가지고 있다는 것이 확인된 것이다.

이제는 숏폼을 단순히 흘러가는 유행이라고 생각해서는 안 된다. 숏폼을 경제, 사회 등이 위기 이후 정착한 상태를 말하는 뉴 노멀이라고 생각하고 시대의 흐름을 빠르게 읽어야 한다.

숏폼의 인기비결은 간단하다. 콘텐츠를 만드는 사람과 시청하는 사람, 모두 만족시키는 요소를 가지고 있기 때문이다. 즉 쉽고, 빠르고, 접근성이 좋다는 점이다.

기존의 유튜브는 10분 내외의 영상이 주를 이룬다. 10분 정도의 영상을 편집하기 위해서는 사람마다 차이는 있겠지만 생각보다 많은 시간을 투자해야 한다. 또 영상 편집이 끝났다고 해서 끝난 게 아니다. 영상을 편집한 다음에는 시청자들로부터 선택을 받기 위한 문패라고 할 수 있는 썸네일을 따로 제작해야 한다. 즉 콘텐츠를 제작할 때 많은 에너지와 시간이 들어 쉽지 않다.

하지만 숏폼은 1분 이내의 영상과 따로 썸네일을 제작할 필요가 없어서 콘텐츠를 만드는 사람으로서도 부담감이 없다. 또 언제 어디서든 1분 이내의 짧은 시간 동안 큰 에너지를 소모하지 않고 여러 동영상의 핵심만 볼 수 있다는 것도 숏폼의 큰 장점이다.

스마트폰의 등장과 함께 다양한 정보를 쉽게 접할 수 있는 현대인들은 10분~1시간짜리 영상을 보면서도 지루함 혹은 피로감을 느낄 만큼 집중력이 떨어지게 마련이다. 짧은 시간에 강렬하게 핵심만 볼 수 있는 짧은 러닝타임의 숏폼 콘텐츠로 사람들이 자연스럽게 유입되는 이유다.

이렇듯 쉽게 콘텐츠를 만들고 빠르게 볼 수 있기에 누구나 콘텐츠를 만드는 크리에이터가 될 수도 있고, 누구나 콘텐츠를 소비하는 시청자가 될 수 있는 숏폼으로 1분의 마법을 만들어야 한다.

짧기만 하면 OK? NO! 1분 마법 만들기

대놓고 광고하지 말라

'SNS 광고'의 전성시대라고도 해도 과언이 아닐 정도로 각종 SNS 플랫폼에서는 광고들이 넘쳐난다. 무차별적으로 쏟아지는 광고에 대한 피로도가 높아져 대다수 유저들은 아예 보지도 않고 무시하거나 노골적으로 거부할 정도가 되었다.

하지만 시리즈로 제작되는 콘텐츠나 다양한 에피소드를 콘텐츠로 만들어 오히려 광고를 찾아보도록 만드는 콘텐츠도 있다. 바야흐로 사람도 상품도 영상도 이제는 스토리텔링 시대에 완연히 접어들었음을 보여 주면서 '스토리텔링'이 마케팅에서 얼마나 중요한 요소가 되었는지를 웅변하고 있음이다.

바쁘다 바빠! 현대사회

3초 이내에 시선을 잡아야 하는 숏폼 영상을 제작할 때는 기-승-

전-결로 구성해서는 안 된다. 오히려 이 순서는 반대로 과정보다 결과를 먼저 보여 주어야 한다. 구구절절 설명하는 논리적 구성이 아니라 곧바로 사람들이 호기심과 관심을 보일 만한 것부터 보여 주는 구성이어야 한다.

호기심이라는 미끼

숏폼만으로 필요한 모든 정보를 전부 제공하지 못 할 때가 있다. 이럴 때는 호기심을 자극하는 숏폼을 만들어 원본 영상이나 포스팅한 링크로 유입시켜야 한다. 기존의 평범한 영상에서 사람들의 호기심을 자극하는 스토리가 있는 영상으로 바꾸자 조회수가 터지면서 구매로 연결하는 사례들이 많다.

팬층을 만들어라

"유명해지면 똥을 싸도 작품이 되고 박수를 받는다." 라는 말이 있다.

상품과 함께 셀러가 유명해지면 어떤 상품이라도 잘 판매될 확률이 높아진다. 상품을 광고하는 영상과 함께 셀러 자체가 브랜드가 될 수 있는 영상도 함께 제작하는 것이 좋다.

'Simple is best.' 간단하고 단순한 것이 최고다.

복잡하지 않고 명료한 말이 핵심을 더 뚜렷하게 전달하고 기억되는 것처럼 영상도 마찬가지다. 지금은 부정할 수 없는 숏폼의 시대!

다양한 숏폼 플랫폼을 활용하여 1분의 기적을 만들어라.

짧은 시간을 투자해 만든 1분짜리 영상이 멀지 않은, 가까운 미래에 기적을 불러오는 나비효과로 돌아오게 될 수 있으며, 이것이 기적의 시작이 될지는 아무도 모른다.

돈을 벌기 위해 무엇인가를 판매하기 시작했다면 일단 돈이 들지 않는 숏폼 콘텐츠부터 당장 민들기 비란다.

우주를 판매하는
말하기 기술

우주를 파는 대화법
체크리스트

제품을 사는 고객도 제품을 파는 셀러도 결국은 사람이다. 우주를 팔고 싶은가? 그렇다면 그 '우주를 사게 될 사람'을 먼저 알아야 한다. 우주를 사게 될 사람에 대해 알았다면 소통하고 공감할 수 있는 대화의 매개체를 찾아야 한다. 대화는 상호작용을 통해 이루어진다. 마케팅, 세일즈, 판매, 이 모든 작용이 '대화'를 통해서 이루어지는 것이다. 즉 말이야 말로 우주도 파는 핵심 도구라고 할 수 있다.

가장 강력한 도구로 상대를 이해하고 그와 소통하고 공감하며 상대를 설득할 힘을 가지고 있다면 우주를 판매하는 일은 어렵지 않을 것이다. 결국 '대화의 기술'을 갖추고 있는지 아닌지에 따라 대박과 쪽박의 길로 나뉠 수 있다.

소소한 말하기의 일부분이라고 생각할 수 있는 대화의 기술은 무한의 공간인 우주까지 팔 수 있는 힘을 가지고 있다. 이제는 소소한 말하기가 아닌 누구나 필요한 기술의 일부분이 될 수 있다. 강력한 판매기술로서의 화술이라고 하면 고수와 하수의 사이에 어마어마한 차이가 있을 것 같지만 결론은 '대화를 끌고가는' 평범한 말하기일 뿐이다.

우주도 능히 돈을 지불하고 사고 싶게 만드는 초고수의 화법을 갖춘 셀러라고 하더라도 고객이 내가 팔고자 하는 제품이나 서비스에 대해 어디서부터 어디까지 알고 있는지에 대해서는 알 수 없다.

이것은 무엇을 말하는가. 내가 팔고자 하는 제품에 대해 어디서부터 설명해야 할지 그 시작점을 알 수 없다는 것이다.

가령 고객이 내가 팔고자 하는 제품에 대한 사전지식이 전혀 없다고 해보자. 만약 셀러만 알고 있는 단어를 쓰거나 고급지게 표현한답시고 외래어를 남발하며 제품에 대해 어필한다면 고객으로부터 반감을 살 수도 있다. 초등학생도 "아!" 하고 알아들을 수 있을 정도로 쉽게 이해하고 받아들일 수 있는 설명으로 시작해야 한다.

가령 '대마디말목 숙취해소제'를 소개한다고 해보자. 대마디말목 Cladophorales 또는 클라도포라목Cladophorales은 갈파래강에 속하는 녹조 식물목의 하나이다. 벌써 골치가 아파오지 않는가? 아마도 생물학자, 제품 개발자, 셀러를 제외한다면 '대마디말목'에 대해 아는 고객은 거의 없을 것이다. 그런데 '대마디말목'을 이용해 숙취해소제를 개발했고, 효과가 탁월하다고 설명한다면 고객은 어떤 표정을 지을까? "대마디말목? 그게 뭔데요?" 이런 반응을 보일 확률이 99%다.

하지만 "이 숙취해소제는 국내 천연해양식물을 활용한 기능성 숙취해소제"라고 설명한다면 어떨까? 곧장 '천연해양식물'이라는 익숙한 단어, '천연'이라는 단어가 가진 이미지로 인해 몸에 유익한 제품으로 인식하게 될 것이다.

이제 매출을 비약적으로 늘리기 위해, 지금부터 평소 자신의 화법을 체크해 보고 우주도 판매할 수 있는 대화의 기술에 대해 알아보도록 하겠다.

나의 화법 체크리스트

1	생각한 대로 표현하고 말한다.	YES	NO
2	상대방을 보며 표정과 시선 처리를 여유 있게 한다.	YES	NO
3	상황에 맞는 어휘와 단어를 사용한다.	YES	NO
4	새로운 환경에서 긴장하지 않고 말한다.	YES	NO
5	하고 싶은 말을 잘 기억해서 빠짐없이 말한다.	YES	NO
6	지루하지 않게 목소리의 높낮이를 잘 사용하며 말한다.	YES	NO
7	비언어적 요소를 적절하게 사용한다.	YES	NO

우주도 파는 셀러의 화법 체크리스트

1	제품을 판매할 때 마음이 편안하다.	YES	NO
2	제품에 대해 자신감이 있다.	YES	NO
3	오감을 이용한다.	YES	NO
4	제품을 쉽게 설명한다.	YES	NO
5	말의 속도를 고객에게 맞춘다.	YES	NO
6	고객의 말을 경청한다	YES	NO
7	쌍방향 소통을 한다.	YES	NO
8	부정의 언어보다는 긍정의 언어를 한다.	YES	NO
9	여러 가지 대안을 준다.	YES	NO
10	고객에게 제품에 대한 좋은 경험을 줘라.	YES	NO

매출이 높은 제품과 높은 매출을 올리는 셀러의 화법은 다르다. 높은 매출을 올리는 셀러의 특징 중 하나는 소비자가 어떤 질문을 한다고 해도 자신의 제품에 대한 자신감을 가지고 그 질문에 대응해 제품의 장점으로 바꾸어 어필한다는 것이다. 그래서 더욱 자신 있게 제품의 장점을 도드라지게 만들고 제품에 대한 신뢰성을 보여 준다.

　셀러로서 고객을 응대할 때는 오감을 생생하게 자극할 수 있어야 한다. 그렇게 함으로써 제품을 구매하는 것으로 자신이 얻게 될 긍정적인 효과를 한 번 더 뚜렷이 각인시켜 줄 수 있다.

　모든 고객의 말투, 화법은 다 다르다. 그래서 항상 고객의 입장에서 귀를 기울여 경청하는 자세는 무엇보다도 중요한 셀러의 기본적인 태도다. 그것이 바로 고객으로 하여금 당신의 말에 귀를 기울이고 눈을 떼지 못 하도록 하는 가장 강력한 힘이다. 최고의 화법은 바로 경청에서 시작된다.

우주를 사고 싶게 만드는 목소리

목소리 하나만으로 우주조차 살 수밖에 없게 만드는 셀러들이 있다. 바로 제품의 콘셉트와 딱 맞아떨어지는 목소리 기술을 가지고 있는 셀러들이다.

최근 많은 관심을 끌고 있는 방송 프로그램 중 하나로 가수 오디션 프로그램이 있다. 오디션 프로그램답게 전 국민들이 심사위원이라도 된 듯 빠져 있는 모습을 자주 본다. TV뿐만 아니다. 유튜브에서도 우리는 심사위원이 되어 있다. 심사위원의 입장이 되어 참가자를 평가하고 문자 메시지 투표를 해서 점수를 매기기도 하는데, 이 오디션의 다양한 평가기준에는 음색 이외에도 무대 매너, 프로듀싱의 영역까지 여러 가지 분야가 있다.

셀러도 오디션에 참가해 자신의 공연에 대한 심사결과를 기다리는 가수와 다를 바 없다고 생각한다. 셀러는 고객과 지속적으로 소통을 해야 하고, 그 도구는 목소리다. 목소리로 고객과 소통하는 대표적인 셀러에는 라이브커머스의 모바일 쇼호스트도 해당되는데, 고객은 그들의 목소리 하나만으로 그들이 판매하고자 하는 제품에 대해 계속해서 관심을 두어야 하는지 그만둘지를 결정하기도 한다.

셀러의 목소리는 고객들의 평가에만 그치지 않는다. 셀러가 속해 있는 조직 경영자의 평가에서 중요한 요소가 될 수도 있다. 즉 오디션에 참가한 가수를 평가하는 심사위원과 마찬가지로 고객과 상사는 셀러의 태도, 연출 능력, 표현하는 음색을 보고 느끼며 그가 가지고 있는 능력을 평가하고 있을 것이다.

'목소리'는 고객을 사로잡아 제품을 구매하도록 유도하는 힘을 가지고 있지만 어떤 목소리가 그런 힘을 가지고 있는지 특정해서 말할 수는 없다. 세상에는 수많은 종류의 제품들이 있고 그보다 더 많은 소비자들이 있기 때문이다. 천차만별이다. 키즈상품, 식품, 리빙상품, 보험상품, 강사 등 셀 수 없이 많은 제품과 직종이 있다. 그러므로 다양한 제품들을 판매하는 데 같은 톤의 목소리로 접근한다면 고객으로부터 오히려 반감을 살 수도 있다.

목소리의 기본 목적은 연출이다. 키즈제품을 판매하는 라이브커머스 진행자가 딱딱하고 무거운 톤의 목소리로 판매활동을 한다면 어떤 결과를 얻게 될까? 아이들의 호기심을 끌 수 있을까? 함께 쇼핑을 나온 부모님으로부터 구매 결정을 끌어낼 수 있을까?

아이의 눈높이에서, 아이들이 호기심을 느끼고 친근감을 느낄 수 있는 목소리를 사용해야 한다. 그리고 그 제품을 사용할 아이들의 연령대에서 좋아하는 캐릭터 하나만 알고 있더라도 아이의 환심까지 한 번에 살 수 있을 것이다.

또한 식품을 판매한다고 해보자. 판매원 고객에게 만족감을 줄 수 있는 '미각'을 자극할 수 있어야 한다. 제품을 시식해본 고객의 오감을 생생하게 자극하는 목소리로 맛있는 '미각'을 고객에게 전달해야 하는 것이다.

가령 신뢰감을 형성해야 하는 보험, 전자제품을 판매할 때는 어떨까? 높은 톤의 목소리로 고객을 응대한다면 신뢰감을 줄 수 있을까? 첫인사를 건네는 순간부터 고객의 신뢰감은 떨어지고 관심은 멀어질 것이다.

많은 셀러를 보면서 느꼈던 것은 목소리로 인해 제품에 대한 신뢰감을 잃고 있는 모습에 대한 안타까움이었다. 사실 나조차도 그와 같은 경험을 가지고 있다.

셀러에게 목소리는 매우 중요한 무기다. 그럼에도 목소리가 얼마나 중요한 요소인지 제대로 인지하지 못 하고 있는 셀러들이 의외로 많다. 지금부터 내가 팔고 있는 상품에 대한 '맞춤 보이스'를 만들어야 한다. 우주조차도 사도록 만드는 목소리를 익혀야 한다. 그렇다면 그런 목소리를 어떻게 가질 수 있을까?

목소리의 가장 큰 핵심은 '호흡'이다. 말이 빨라 한 호흡에 제품에 대한 소개를 전부 한다고 생각해 보자. 결국 숨이 딸려서 덜덜 떨려 나오는 내 목소리를 듣게 될 것이다.

누구나 호흡만 잘해도 잘 들리는, 상대에게 신뢰감을 주는 목소리를 가질 수 있다. 이런 목소리를 갖추는 방법 중 하나가 바로 복식호흡이다. 복식호흡에 대해 잘 알고 있고 시도해 본 경험을 가지고 있는 사람들도 많겠지만 좋은 목소리를 가질 수 있는 방법 중 하나가 바로 복식호흡이라는 것은 잘 모르는 것 같다.

좋은 목소리를 갖기 위한 복식호흡 방법에 대해 알아보자.

복식호흡 방법

일단 배를 하나의 풍선이라고 생각하고 다음과 같은 방법으로 호흡을 한다.

① 편안한 자세를 취한다. (하늘을 보고 누워도 좋다.)

② 입을 다물고 코로만 숨을 깊게 들이쉰다. (이때 가슴이 움직이면 안 된다.)

③ 5초 정도 숨을 멈추었다가 배에 있는 공기를 빼내는 느낌으로 5~10초간 숨을 내쉰다. (천천히 길게 일정하게 내쉬어야 한다.)

④ 다시 코로 숨을 깊게 들이쉬고 반복한다.

신뢰감 있는 목소리
만드는 법

목소리와 발음이 판매성과를 결정한다

셀러의 말이 전달력이 높아야 고객을 유인하고 판매 성과가 높아진다. 여기서 '말의 전달력'은 목소리와 발음에 의해 결정된다.

하지만 의외로 이 당연한 원리를 잘 인지하지 못 하고 있는 사람들이 많은데, 전달력이 좋아지려면 발음이 좋아야 하고 발음이 좋아지려면 조음기관을 잘 이용해야 한다. 조음기관은 말소리를 만드는 데 쓰이는 신체기관을 말하는데, 이 조음기관을 잘 이용하는 것이 쉽지만은 않은 일이다.

'조음기관'이라는 단어조차 낯설고 왠지 난해한 느낌을 받을 것이다. 조음기관調音器官은 말소리를 만드는 데 쓰이는 신체기관을 의미한다. 발음기관發音器官이나 음성기관音聲器官이라고도 하는데, 이 조음기관을 연습을 통해 단련함으로써 말소리의 전달력을 명확하게 만들 수 있다. 즉 연습을 통해 입술, 혀, 턱, 치아 등 얼굴 전체의 근육을 사용해 말소리를 만드는 방법에 익숙해져야 한다.

조음기관을 이용한 말하기는 곧 얼굴 전체를 이용하는 말하기와 같다. 따라서 조음기관을 이용한 말하기의 시작은 얼굴 전체를 마사지하는 것에서부터 시작된다.

조음기관 운동법에 대해 간략하게 알아보자.

조음기관 운동법

① 주먹을 살짝 쥐고 얼굴을 가볍게 마사지한다.

② 풍선 모양으로 입안에 바람을 넣었다가 훅 뱉는다.

③ 혀를 길게 빼서 놀리는 듯한 모양을 하며 혀 운동을 한다.

④ '라리루 라리루'와 같은 소리를 내며 혀 운동을 하면서 혀의 위치를 익힌다.

⑤ 입안에서 혀를 좌우로 크게 돌린다.

⑥ 혀를 이용해 시계 소리를 내 본다. '똑딱똑딱'

⑦ '아르르르르르' 하며 혀에 진동을 준다.

⑧ 혀로 입 안 전체를 밀어 주며 마사지 해 준다.

⑨ 티스푼으로 혀를 꾹꾹 눌러 준다.

이미 위에서 설명한 운동법만으로도 턱이 아프고 혀가 얼얼하고 근육이 땅기는 느낌을 받고, 조금은 부드러워졌다고 느끼게 될 것이다. 이런 간단한 운동법만으로도 소리를 내는 조음기관이 잘 움직여지고 발음이 좋아지면서 전달력을 높일 수 있다. 전달력이 부족해 제품에 대한 설명을 들은 고객이 되묻는 일은 없어야 한다.

하루에 한 번이라도 조음기관 운동법을 통해 연습을 한다면 정확한 발음으로 전달력 높은 말하기를 할 수 있게 될 것이다.

모음의 위치 파악하기

모음은 '아-에-이-오-우'의 순서로 정해져 있다. '오'의 순서가 아닌 아-에-이-오-우의 소리를 내며 모음이 시작되는지 입 모양을 크게 벌려 소리를 내 보면 알 수 있다. 모음의 순서는 '아'가 가장 앞쪽부터 입천장의 순서로 이루어지는 것을 느낄 수 있을 것이다. 소리를 내는 것만으로도 위치를 확인할 수 있다는 것은 정확한 발음까지 낼 수 있다는 것이다.

모음운동 방법

① 깊게 숨을 들이마신 후 같은 음으로 "아" 소리를 길게 낸다.

② 1번과 같은 길이의 음으로 "아-에-이-오-우"의 모음을 연달아 발음한다.

③ 음의 변화를 주어 낮은 음부터 높은 음까지 변화를 주면서 소리를 낸다.

④ 모음 발음을 하면서 될 수 있도록 입 크기를 크게 벌려 위 아래로 스트레칭을 한다.

⑤ 위의 발음을 반복하여 근육을 강화시킨다.

발음 연습하기

- 서울특별시 특허과 허가과장 허 과장
- 상표 붙인 큰 깡통은 깐 깡통인가? 안 깐 깡통인가?
- 간장 공장 공장장은 강 공장장이고, 된장 공장 공장장은 공 공장장이다.
- 내가 그린 기린 그림은 긴 기린 그림이고 네가 그린 기린 그림은 안 긴 기린 그림이다.
- 밤섬 봄 벚꽃놀이는 낮 봄 벚꽃놀이보다 밤 봄 벚꽃 놀이가 좋다.
- 슈튜트가르트는 독일 남서부 바덴뷔르템베르크주에 자리 잡고 있는 도시이다.

신뢰감 있는 목소리 만들기

우주도 팔 수 있는 술술 풀리는 좋은 발음을 만들었다면 다음은 좋은 발음으로 좋은 소리를 내는 방법을 배워야 한다. 각 제품마다 가지고 있는 특성이 다르듯 신뢰감을 주는 목소리를 내는 방법에 대해서도 배우는 것이 좋다.

목소리에는 나이가 있다. 셀러에게 어린 톤의 목소리는 좋다고 할 수 없다. 셀러가 갖추어야 할 목소리의 요소는 안정적이어야 하기 때문이다. 즉 신뢰감 있는 목소리는 낮은 톤의 목소리이다. 서비스업에 있는 사람의 목소리가 솔 톤이 가장 좋다는 이야기는 아주 옛날 이야기이다. 우리가 화장품을 구매할 때 생각해 보자. 높은 톤으로 말하는 셀러와 낮고 안정감 있는 톤으로 상품 설명을 하는 셀러가 있다. 어느 상품에 더 신뢰감이 느껴지게 될까?

낮은 톤을 내는 연습은 어렵지 않다. 톤을 낮춰 점점 그 톤에서 내 목소리를 적용하는 것이다.

낮은 톤 만들기

솔. 파. 미. 레. 도 (유지) "음- 아 안녕하십니까?"

안정된 톤의 내 목소리를 만들었다면 명품 목소리를 만들기 위한 연습을 시작해 보자.

스피치 학원을 다녀본 사람이라면 누구나 'ㅎ' 음가의 중요성에 대해 배워봤을 것이다. "한국관광공사"처럼 'ㅎ' 첫 음에 입모양을 동그랗게 음절을 잘 챙겨 준다면 이 작은 차이로 큰 소리를 낼 수 있다.

신뢰감 목소리

'ㅎ' 음가 소리 정확히 짚기

대회 - 오후 - 위험 - 중화 - 동화 - 한국 - 지하철 - 표현 - 전화

각자 가지고 있는 목소리는 나만의 악기이다. 그 악기를 연주하는 방법은 각자의 노력에 따라 다르다. 하루 딱 30분 만이라도 시간을 내 연습을 한다면 누구나 명품 악기를 가질 수 있다.

과장광고 하지 않고
과장광고로 말하기

제품 판매 심의

치열한 경쟁이 벌어지고 있는 대한민국에서 내 제품을 하나라도 판매하는 건 쉽지 않은 일이다. 제품 판매활동에서는 제품 종류에 따라 허가받아야 할 사항, 주의사항 등이 천차만별이다. 그만큼 셀러로서는 주의해야 할 것이 한두 개가 아니라는 것이다.

인터넷 초록 창에 과장광고라는 첫 글자만 입력해 보라. 가장 먼저 검색되는 글은 '신고'다. 하루아침 사이에 경쟁업체, 동종업체들이 늘어나고 그 업체들은 눈을 부릅뜨고 경쟁 상대를 주시하고 있다. 따라서 과장광고로 신고를 당하지 않기 위한 방법을 배워둬야 한다. 내가 판매하는 제품을 광고할 때 광고심의에 대해 잘 알지 못 하고 판매를 하다가 신고를 당하는 경우가 비일비재하기 때문이다.

실제로 식품광고를 진행하던 한 유튜버가 제품 설명을 하면서 "다이어트 효과가 있다"는 멘트를 했다가 징역 6개월 선고를 받았던 사례가 있다. 이후 고액의 비용을 들여 변호사를 선임해 항소를 함으로써 벌금형으로 감형되기는 했으나 이미 안티 팬들의 공격으로 인해 유튜버로 복귀하지 못 하고 있는 상태다.

과장광고는 제품뿐만 아니라 방송, SNS 인플루언서에게도 적용된다. 과장광고 사례는 건강기능식품, 화장품 이외에도 주택 등 우려해야 할 것이 많다. 의약품으로 인식을 할 수 있는 탈모 완화 샴푸, 허리둘레 감소에 바르는 즉시 효과를 볼 수 있다며 소비자를 기만하는 광고도 과장광고가 된다.

과장광고를 할 수 있는 사람은 제품을 판매할 수 있는 모든 사람이다. 라이브커머스, 인플루언서, 블로거들도 모두 해당된다. 따라서 똑똑해진 소비자들에게 맞춰 제품판매심의에 대해 숙지하고 판매해야 한다.

'과장광고로 처벌받을 수 있는 위험한 말'

광고에 도사리고 있는 가장 위험한 단어는 '질병'이다. 어떤 제품이든 '질병'이라는 단어를 제시해서는 안 된다. 예를 들어 바쁘디 바쁜 현대사회에서 "현대인들은 비타민 C 결핍증이 있어요. 비타민 C를 복용하면 노화방지가 됩니다." 라고 말하는 순간 동종업계의 하이에나들은 당신을 가만두지 않을 것이다. 결핍증과 노화방지는 질병에 속하는 말이기 때문이다.

또한 "남녀노소 누구나 변비 치료와 예방에 일거양득입니다."와 같은 건강기능식품 광고 멘트도 위험한 말이다. 건강기능식품은 말 그대로 소비자의 건강상의 요구를 충족시켜 주기 위해 광고를 하는 것으로 과장광고로 인해 소비자의 건강을 해칠 수 있는 위험이 있다. 소비자에 따라 섭취해야 할 제품이 다르기 때문이다.

GNC의 사례는 불규칙한 식습관으로 생기는 모든 건강 문제를 예방한다는 광고로 문제를 일으켰고, 최근에는 마스크를 쓰지 않고도 코로나-19를 예방할 수 있다는 과장광고로 논란이 일어났다.

과장광고 사례

과장광고는 실제 현직 쇼호스트들이 알면서도 자주 실수하는 부분들이므로 주의를 기울여야 한다.

- 173㎝이었던 키가 180㎝로 컸다.
- 우리의 한약은 자연의 힘으로 건강을 유지해 준다.
- 순식간에 체중을 줄여 준다.
- 맥도날드와 달리 우리는 100% 순수한 소고기만 사용합니다. (설탕, 합성 조미료 함유)

이 외에도 화장품을 판매하면서 "유명 성형외과의, 전문의가 사용하고 있다"는 표시, 외국 상표 및 상호 사용, 기술제휴나 타사의 기술을 표현한다면 과장광고로 신고를 당하는 처지에서 벗어나지 못 할 것이다.

하지만 과장광고를 하지 않으면서 과장광고를 통해 얻고자 하는 효과를 거두는 방법이 있다. 전면적으로 치고 말하기보다는 돌려서 말하기이다. 효과, 효능 등에 대한 제품판매심의위반으로 신고를 당해 법적 처벌을 당하지 않기 위해서는 돌려서 말하는 기술을 충분히 익혀 놓아야 한다. 아래 컨셉에 따라 돌려서 말하는 법을 연습해 보자.

변비에 효과적인 유산균

비타민 C 결핍

판매하는 내 상품에 맞는 언어 표현

마치 우주를 산 것 같은 말하기

대박을 터트리는 말하기 구성 방법

제품 셀러로서 같은 상품을 판매하는 다양한 채널의 셀러를 보고 벤치마킹을 하는 때도 있다. 혹은 각 채널의 방송을 보며 재치 있게 말하는 셀러들의 말장난을 따라 해본 경험이 있을 것이다. 그때의 반응들을 생각해 보자. 사람들의 반응은 어땠는가? 웃으며 좋아했는가? 아마도 시큰둥한 반응이었을 것이다.

왜일까? 벤치마킹한 셀러와 나는 다른 사람임에도 그냥 따라서 흉내를 내는 것에 불과해 듣는 사람도 내 말이 아닌 '남의 말'처럼 느끼게 되기 때문이다. 잘 해보고 싶어서 따라 했던 욕심이 오히려 좋지 못 한 상황을 가져오는 것이다.

중국은 '따라 하기', '베끼기'로 유명한 나라로 악명이 높다. 한국의 스타일러, 접는 TV, 청소기, 자동차, 스마트폰은 물론이고 애플리케이션, 게임, 방송 콘텐츠에 이르기까지도 가리지 않고 벤치마킹을 하고 있다.

하지만 이런 행태가 중국의 발전에 좋은 일만 가져왔을까? 역효과 또한 불러왔다. 좋은 말로 벤치마킹에 성공한 사례라고 강변한다고 해도 소비자들로부터 중국에 대한 신뢰를 얻는 데 오히려 걸림돌로 작용하는 치명적인 단초가 되기도 했다. 소비자들에게 남의 제품을 '베끼는 나라'라는 인식이 강하게 박히도록 한 것이다.

앞선 문화와 제품을 따라잡기 위해서는 어쩔 수 없이 벤치마킹을 할 수밖에 없다고 변명할 수는 있다. 한국 역시 그런 과정을 밟아왔다. 하지만 설사 '따라 하기'를 하더라도 제품을 베끼는 것으로 끝내야 한다. 말하기까지도 남을 따라 해서는 안 된다.

만약 앵무새처럼 남의 말을 흉내만 낸다면 영원히 '자신만의 말'을 익힐 수 없게 된다. 말에는 생각, 의지가 담겨 있고, 남의 말을 흉내만 내다 보면 자신만의 말을 익히고 성장시킬 바탕을 무너뜨리게 될 것이기 때문이다.

내 제품을 한 줄로 표현하기

판매하는 제품을 한 줄로 표현할 때 당장 펜을 들어 시작할 수 있는 사람은 많지 않다. 머릿속에 떠오르는 생각은 만 가지이고 하고 싶은 것은 많다. 혹은 그 반대일 수도 있다. 그동안 컨설팅을 통해 많은 셀러들이 망설였던 부분이다. 한 줄도 쓰지 못 했다고 실망하지 말고 지금부터 내 제품에 대박 터트리는 말하기 구성을 해보자.

예시 : 1인가구를 위한 혼술 메뉴

-
-
-
-

키워드 구성

예시 : 직접, 빠르게, 누구나, 손쉽게, 배달, 인공지능, 저렴하게, 맞춤형, 비싸게, 편리
하게

-
-
-

가장 중요한 키워드 3개 고르기

팔고자 하는 제품의 핵심 키워드 3가지를 쓰고 키워드에 맞춰 제품의 내용을 이야기로 구성하여 이야기를 만들어 보자. 가장 중요한 것은 마지막 핵심 문장을 절대 놓치지 않는 것이다. 설계도를 구성하고 그대로 따라서 해보았다고 해서 한 번에 끝나는 것이 아니다. 습관이 되어 몸에 익도록 말하기 연습을 해야 한다. 우리 입은 자주 뱉어낸 말, 입에 붙은 말을 쉽게 입 밖으로 내보낸다.

아마도 나도 모르게 '툭' 튀어나왔던 말, 자주 부르던 친구의 이름을 헷갈려 바꿔 부른 경험이 적지 않을 것이다. 말은 곧 습관이다. 자주 연습을 해서 내 입에 착 붙도록 말하기 연습을 해야 하는 이유다.

세 가지 키워드 연습

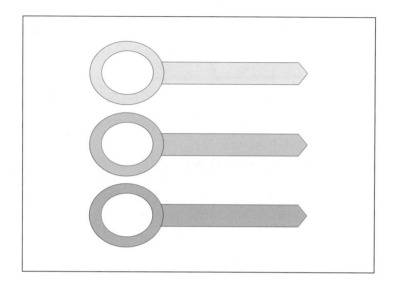

제품의 키워드 스토리를 적을 때는 많으면 많을수록 좋다. 판매할 제품의 역사, 효능, 성분, 후기, 제품 관련 리뷰, 체험단 모집 등 많은 에피소드를 적용하자.

우주를 파는
상품문구 하나

구매는 상품문구의
첫인상으로 결정된다

제품이 궁금해지는 이야기

상품문구 하나로 우주라 할지라도 충분히 팔 수 있다. 과한 표현이라고 생각하는가? 그렇지 않다. 임팩트한 상품문구는 소비자를 사로잡을 수 있는 대표적인 힘을 가지고 있기 때문이다.

상품문구의 첫 제목은 소비자의 니즈를 해석하고 셀러의 입장을 대변하는 문장으로 만들어져야 한다. 제품을 알리기 위한 홍보 카피로서 제목은 상대의 다양한 입장을 수용하고 소비자의 욕구를 만족시켜 행동을 결심하고 구매욕수를 유발하는 핵심 문구로 제시되어야 한다.

제품에 대한 궁금증을 유발하는 첫 제목 만들기는 다양한 홍보 채널에서 무궁무진하게 사용되고 있다. 유튜브를 열고 썸네일 문구 몇 개만 들여다 봐도 알 수 있다. 글을 잘 쓰는 사람, 이야기를 잘하는 사람 혹은 아이디어가 넘치는 사람이 아니더라도 우주조차 팔 수 있는 문구를 만들 수 있다는 걸 인정하게 될 것이다.

세상은 이미 정보의 홍수에 지쳐 있다. 소비자들에게 과한, 지나친

홍보문구라고 받아들여지게 되면 그저 아무런 영향력도 가지지 못한 홍보문구에서 끝나고 만다. 정보가 홍수처럼 흘러넘치고 과도한 말장난들로 블로그, 카페, SNS, 인스타그램에 올려지는 대부분의 글들로 인해 SNS 상에 노출된 내 메시지의 운명은 3초도 되지 않는 찰나의 순간에 결정된다. 어떤 미끼를 던져야만 '뒤로 가기 버튼'이라는 냉징한 운명을 피할 수 있을까? 소비자의 궁금증을 유발해 계속해서 내가 하고자 하는 말을 듣도록 끌어들일 수 있을까?

방법을 찾는 방법 역시 다양할 것이다. 나름 잘나가는 고수들의 방법들을 연구해 볼 수도 있을 것이고, 사회문화적인 흐름을 놓치지 않도록 노력하며 책에서 그 지혜를 찾을 수도 있을 것이다. 문제는 "내 상품에 대한 고객의 호기심과 매력을 극대화할 수 있는 문구는 무엇일까?"에 대한 화두를 놓지 말아야 한다는 점이다.

시각적 자극을 유발하는 홍보 카피를 만드는 5가지

궁금증을 유발하는 문구

김성주 아나운서의 재치 있는 진행으로 인기리에 방송되고 있는 '복면가왕'이라는 오디션 프로그램이 있다. 대한민국 국민이라면 대부분 알고 있는 프로그램이다.

"신이 내린 목소리 7연승의 주인공, 과연!! 5초 후에 공개됩니다. 5, 4, 3, 2, 1."

이 프로그램이 큰 인기를 모으며 많은 사람들을 TV 화면으로부터 눈을 떼지 못 하도록 만든 이유는 무엇일까? 복면을 쓰고 노래를 부른 가수가 누구인지 궁금하기 때문이다.

마찬가지다. 흥미를 유발하는 홍보문구는 첫 문장부터 제품에 대한 궁금증을 불러 일으키고 그 제품에 대해 자세히 알고 싶게 만든다.

소비자로 하여금 궁금증을 불러 일으키도록 만드는 방법 중 하나는 물음표를 던지는 것이다. 궁금한 것을 보면 알고 싶어지는 것이 사람의 본성이기 때문이다. 따라서 사람이 가지고 있는 본성, 소비자에게 질문을 함으로써 궁금증을 유발하는 것이다.

예시 : 호캉스 비키니는 준비했니?

-
-
-

소비자의 입장을 생각하는 문구

소비자는 최종적으로 제품을 구매하는 사람을 말한다. 소비자의 니즈를 이끌어 내고 구매에 나서도록 하기 위해서는 소비자의 입장에서 제품을 사용해 본 경험, 불편했던 기억, 망설였던 이유와 이런 불편한 점을 어떻게 해결했는지 그 방법을 함께 제시해 소비자의 고개를 끄덕이게 만들어야 한다. 셀러의 입장보다 소비자의 입장에서 공감을 끌어냄으로써 그들의 마음을 잡아야 한다.

예시 : 소식좌를 위한 0.5인분

-
-
-

보는 순간 제품을 잡을 수 있게 하는 문구

소비자의 구매시간을 줄여 주어야 한다. 직관적으로 한눈에 담아 내지 못 하는 문구는 소비자로 하여금 "소중한 시간만 낭비했다"는 인식을 갖도록 함으로써 외면당하게 될 뿐이다.

보자마자 즉시 이해할 수 있도록 난해하고 모호한 단어를 써서는 안 된다. 고급스러워 보이고 싶다는 생각에서 어렵고 낯선 문구를 쓰면 오히려 소비자의 머리를 피곤하게 만들 뿐이다. 초등학생도 알아 들을 수 있는 단어, 임팩트 있는 한 줄의 문구로 제품을 표현할 수 있어야 한다.

찰떡같이 알아듣게 하는 문구

구체적인 타깃고객을 선정해야 한다. 그래야 그들이 찰떡같이 알아듣는 상품문구를 만들 수 있다. 10대가 쓰는 단어와 50대가 쓰는 단어가 다르다. 성별, 취미, 지역 등에 따라 끌리는 성향도 다르다. 즉 타깃고객층을 정확하게 선정하고 분석해 그에 맞는 단어와 문장으로 상품문구를 작성할 수 있다는 뜻이다.

예시 : 수능을 마친 예비 대학생 입학룩, 10만 원으로 1박 2일 호캉스 하는 방법

-
-
-

예상을 벗어나는 신선한 문구

상품문구는 진부하지 않은 신선한 단어의 조합이어야 한다. 예를 들어 요즘 유행 중인 B급 감성으로 새롭고 신선한 느낌을 주어 눈길을 사로잡는 것이다.

익숙한 거리를 걸을 때처럼 상투적인 문구는 소비자의 시선을 끌지 못 하고 외면당하기 마련이다.

예시 : 다이어트는 포토샵으로, 치킨은 살 안 쪄. 살은 내가 쪄. 하마터면 오늘부터 다이어트 할 뻔했다.

-
-
-

돈을 끌어오는
6가지 상품문구 작성 스텝

지금부터 제시되는 6가지 스텝을 적용하면서 흐름에 맞춰 상품문구를 작성한다면 원하는 매출, 원하는 결과를 얻을 수 있을 것이다.

이번 장에서 소개되는 스텝은 모든 업종에 적용된다. 셀러로서 자신의 제품에 맞춰 실습을 해보자.

STEP 1. 스펙을 보여 주라

셀러가 가진 모든 장점을 입증해 주는 것이다.

포포로로포오리 리뷰 105 · 팔로우	kka**** 리뷰 5 · 팔로우
면접은 말을 많이 씨부려야한다‼ 면접 보는 날 아침까지 영통으로 모의면접을 봐주시고 악힌 말문 시~~~~원하게 뜷어드립니다! 노력하는 동안 늘 옆에 선생님이 함께 하십니다! 의심하지말고 믿고 따라가면 합격의 길로‼ 22.9.28.수 · 1번째 방문 · 영수증	막막했던 군무원 면접이었지만 선생님들께서 정말 자신의 일처럼 신경써주시고 관리해주시는 것이 든든했습니다 앞으로 면접 볼 일이 있다면 재방문하겠습니다‼ 22.9.17.토 · 1번째 방문 · 영수증

리뷰 사진 출처: 트윙클 컴퍼니 네이버 후기

지금 소개하고 있는 '돈이 되는 상품문구'의 흐름은 제품에 제한이 없다는 것이다. 즉 유형, 무형의 제품이 모두 속한다.

저자의 경우에는 강의가 주 업무인데, 강의를 하는 강사에게 중요한 것은 수강생들의 수강기록지, 리뷰, 강의 커리어, 수강생들의 사진이다. 만약 음식점이라고 한다면 앞서 찾았던 고객의 리뷰, 맛있게 먹는 고객의 모습, 음식점 앞에 줄을 서서 기다리는 고객들의 모습 등이 커리어가 될 것이다.

STEP 2. 공감 형성

두 번째 스텝은 공감을 형성하는 것이다. 스펙을 보여 주었다면 다음 단계는 고객의 관점에서 한 번 더 생각하는 것이다. 내가 소비자였을 때 아쉬웠던 부분 또는 내가 그 제품을 찾고자 했던 니즈를 이용하는 것이다.

업태교육, 서비스업종 스피치를 하는 '트윙클스피치'를 예로 들어 보겠다.

스피치학원은 다양한 연령대와 각종 이벤트의 니즈를 가지고 문을 두드린다. 아이부터 성인까지 이유는 다양하다.

성인 스피치강좌는 '화술'을 배워야 할 필요성을 가지고 찾아오는 수강생들이 대상이다. '말하기'로 인해 스트레스를 받거나 말하기에 대한 트라우마가 있거나 직업상 대화의 기술을 익혀야 할 필요성을 가지고 있는 사람들이다.

수강생들은 자신이 가지고 있는 다양한 문제에 대해 발표를 하는데, 과거에 내가 겪은 힘들었던 경험에 비추어 상대의 마음에 공감해주면서 해결을 위한 방법을 제시해 주었을 때 좋은 효과를 얻을 수 있었다. 공감의 힘이다.

STEP 3. 진짜?

스텝 3는 그 제품이 '진짜', 즉 오리지널인지 알고 싶어 하는 니즈를 말한다. 쉽게 말해서 브랜드 제품인지, 아닌지를 판단하고자 한다.

브랜드는 특정한 판매인의 제품 및 서비스를 구분하는 데 쓰이는 명칭이나 기호, 디자인 등을 일컫는 말로서 '주인을 구분하기 위해 가축에게 찍는 낙인'으로부터 유래했다. 즉 구매자로 하여금 한눈에 제품에 대해 파악할 수 있도록 하고 제품의 가치에 대한 신뢰감을 각인시킴으로써 소비자의 인식 속에 자리 잡은 정체성을 말한다.

브랜드가 어떤 가치를 갖기 위해서는 제품의 전문적인 내용을 보여 주어야 한다. 그리고 제품이 가지고 있는 다른 제품들과 차별화된 강점을 어필하는 효과적인 방법은 상품문구에 그 제품의 히스토리를 입히는 것이다. 예를 들어 강연을 업으로 하는 강사가 유능한 강사로서의 능력을 보여 주기 위해 그동안 쌓아온 강의 경험을 히스토리로 보여 주는, 경력사항이나 프로필을 제시하는 것과 같다.

제품의 목적별 프로필이 중요한 이유는 온라인시장이 커지면서 프로필 수준에 따라 각 제품의 역량이 그대로 드러나게 되었기 때문이다. 따라서 상품문구 흐름이 매우 중요해졌다. 소비자가 그만큼 현명해 졌다는 반증이기도 한데, 소비자는 어떤 제품을 구매하든 휴대폰을 열어 해당 제품에 대해 속속들이 알아보고 구매에 나서기 때문에 문구 하나라도 제품이 지니고 있는 히스토리를 입히는 것이 매우 중요하다.

예시 : ① 동영상으로 스피치 수업 전후를 개시한다.
　　　 ② 제품 사용 후 변화를 비교해 본다.

-
-
-

STEP 4. 제품을 브랜딩하라

경쟁제품들과 똑같은 점을 자기 제품의 강점으로 내세우는 것으로는 브랜딩을 할 수 없다. 다른 제품과 '차별화된 특별함'을 내세우면서 '차별점이 무엇인지, 특별한 점인지 전문성을 보여 주지 않는다'면 그 상품문구는 고객을 빨아들이지 못 한다. 그저 그런 빤한 문구가 될 수밖에 없다.

제품을 브랜딩 하기 위해서는 숨어 있는 제품의 메시지를 찾아야 한다. 예를 들면 철판 전문점 쉐프가 눈앞에서 화려한 불쇼를 보여 주는 것이다. 여기서 타깃 층을 겨냥한 이벤트를 한 가지 더 추가하는 것이 철판 전문점의 브랜딩이다.

예시 : 오픈 주방, 백종원의 7분 타이머음식, 참치 해체쇼

-
-
-

STEP 5. 위치정보 제공

위치정보를 제공한다. 스텝 4까지의 단계는 제품을 입증하는 단계였다면 5단계, 6단계는 제품의 경로를 찾아가기 위한 단계이다. 돈이 되는 상품문구의 흐름을 위해 첫 단계로 가치를 제공하고, 소비자의 입장에서 공감하고, 전문성을 브랜딩 했다면 그 제품을 찾아가기 위한 마지막 단계는 위치, 연관 글에 대한 정보를 제공하는 것이다.

예시 : 지도등록 후 위치등록, 연관 링크 개시, 블로그 상단지도 등록

-
-
-

STEP 6. 해시태그

마지막 단계는 해시태그 사용법이다. 상품에 맞는 해시태그를 찾아야 한다. 다른 셀러들이 많이 사용한다고 하여 내 상품에 맞지 않는 해시태그는 오히려 브랜드 이미지와 상품 이미지만 나빠질 뿐이다. 특히 인스타그램에서 많이 보이는 #선팔 #맞팔 #좋반 #첫줄과 같은 해시태그는 아무런 의미도 없고 주제도 없는 해시태그라고 할 수 있다. 그래서 당장의 팔로우 수나 '좋아요' 수가 늘어날 수 있을지는 몰라도 장기적으로 봤을 때는 알고리즘 분석의 방해만 받게 된다.

이 말은 애써 만든 콘텐츠가 어느 카테고리에도 속하지 못 하고 노출이 원활하게 되지 않는다는 뜻이기도 하다. 반드시 상품과 브랜드에 맞는 해시태그를 찾아 사용해야만 한다.

차이가 나게 써라

전쟁통일지라도 우리는 판매한다

'2천 조 가계빚 물려받고 저성장 터널로!'
'MZ세대 혹독한 미래'
'저성장터널 진입, 초인플레이션'

2023년의 대한민국, 금리가 올라 대출을 받아 집을 산 사람들이 높은 이자에 시달리고, 물가가 치솟아 소비심리는 최악의 상황으로 위축되고 있다. 공공물가가 2배 3배 치솟고, 전기료와 난방비를 무서워하게 된 시대 "못 살겠다"는 아우성이 터져 나오고 있는 대한민국이 되었다.

지속적인 저성장시대라는 말이야 2000년대 초부터 예고돼 이제는 진부하게 느껴질 정도지만, 이제는 진짜다. 예고편으로만 회자되던 경제 불황이 이제는 본편으로 접어들었다. 실제로 몸으로 체감하고, 느끼게 되었으니 말이다.

하지만 본편이 상영되고 있는 현실 상황에서 우리는 어떻게 살아 남아야 할 것인지 생각해 보고 행동해야 한다. 우크라이나 전쟁의 여파로 기름값, 가스값이 치솟고 지진과 같은 자연재해까지 빈번하게 일어나 지구촌 전체가 몸살을 앓고 있다고 해도 우리는 팔아야 하는 셀러다. 그래야 살아남는다. 그래서 지금부터가 진짜 문제다. 어떻게 팔 것인가? 어떻게 살아남을 것인가?

바로 차별화다.

내가 판매하는 제품이 다른 제품과 어떤 차별점이 있는지 백지를 펼쳐놓고 글로 써 보도록 하자. 즉 제품을 구매해서 실제 사용하는 소비자의 니즈 사항을 충족시켜 준다거나 간지러운 곳을 긁어 준다면 실제 고객들의 구매가 일어나고 행동으로 답을 줄 것이다.

소비자는 적고 셀러는 많다. 공급은 넘쳐나고 소비자는 줄어드는 상황에서 동종업계의 제품과 서비스에 차이가 없다고 생각해 보자. 당신이 소비자라고 해도 차별점이 없는 제품에는 눈을 돌리지 않을 것이다.

지금 당장 밖으로 나가 주위를 돌아보자. 눈에 띄는 점포가 보일 것이다. 친절 서비스의 차별화는 이미 흘러간 가치다. 현명해진 소비자는 이미 일반화된 서비스는 기본이고 그 이상의 서비스를 원하기 때문이다. 차별화를 또 다른 언어로 말하자면 서비스다. 차별화를 글로 옮기는 차이 나게 쓰는 방법을 제품에 맞춰 연습해 보자.

차별화 요소

제품의 차별화

- LG 스탠바이미의 예
이동하는 TV
원하는 순간, 원하는 장소, 원하는 콘텐츠를 즐길 수 있다
장시간 휴대폰, 태블릿을 들고 있지 않아도 된다

서비스의 차별화

- 치킨의 예
맛, 배달시간, 서비스 = 차별화 + 떡볶이

쿠팡의 서비스 차별화 예

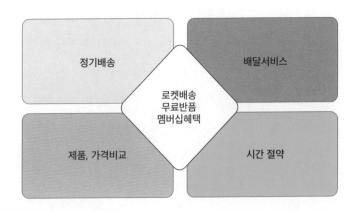

내 제품 혹은 서비스에 적용해 보기

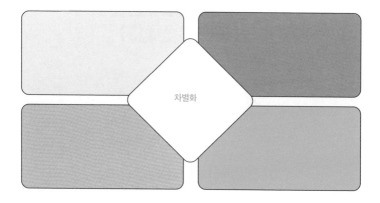

차별화

고객을 행동하게 만드는 상품문구 만들기

고객의 행동 원인에는 고객의 심리가 있다. 앞서 소비자의 위치에서 개인적인 취향과 성향 그리고 트렌드를 분석하였다면 소비자의 행동을 이해하고 결제할 수 있게 해야 한다.

소비자는 상품을 선택하고 구매하기 전 많은 단계를 거치는데, 판매 전 단계의 심리적 행동은 구매에 중요한 결정을 한다.

고객의 행동심리에서 상품에 대한 정보를 인식하고 필요성을 느껴 구매하는 과정을 인지심리 단계라고 한다. 또한 개인적인 심리 단계로는 소비하는 습관, 선호도, 가치에 따라 결정지어 진다.

행동에는 감정, 정서가 숨어 있고 그 행동의 규칙에는 심리적 요인이 깔려 있다. 따라서 소비자의 행동심리에 따라 셀러는 목표 고객을 공략하기 위한 전략을 세워야 하며, 그를 위해서는 소비자가 가지고 있는 다양한 니즈를 조사해 파악해야 한다.

행동을 유발하는 행동심리 원리

반보성의 원리

반보성의 원리란 타인으로부터 받은 호의에 대해 보상을 하고자 하는 심리적 원리라고 할 수 있다. 사회심리학자 로버트 가일딘에 의해 처음 제시된 이론으로 상호작용하는 과정에서 성립되며 기대와 요구 사항에 대한 반응을 고려할 때 나타난다.

가장 큰 예로 생일날 친구에게 선물을 주면 그 친구가 내 생일에 선물을 줄 것이라는 기대를 반보상의 원리의 예라고 할 수 있다. 마케팅에서 반보성의 예로는 소비자에게 무료로 제공하는 서비스, 샘플, 혜택, 할인 등을 제공함으로써 구매 행동을 유발시키는 것이다.

밴드왜건 효과

밴드왜건은 행렬을 선도하는 악대 차를 말한다. 악대 차가 연주를 하면서 지나가면 사람들이 모여들기 시작하고, 몰려가는 사람들을 본 사람들이 무엇인가 있다고 생각하고 무작정 뒤따르면서 군중들이 불어나는 현상을 비유한다.

경제에서 소비자의 구매를 부추기기 위해 밴드왜건효과, 편승효과를 적용하는 가장 대표적인 사례는 바로 홈쇼핑이다. 홈쇼핑 채널을 돌려보면 늘상 하는 말이 있다. "이번 시즌 마지막 세일", "두 번 다시 없을 기회", "오늘 방송만을 위한 한정 구성" 등등 소비자를 현혹시키는 문구들인데, 이는 소비자의 충동구매를 불러일으키는 데 최적의 마케팅, 밴드왜건효과다. '고무장화'의 색깔과 디자인을 다양하게 만든 뒤, '레인부츠'라는 영어로 바꿔 부르자 비싼 가격에도 불구하고 장마철 최애템이 된 것 역시 밴드왜건효과와 일맥상통한다고 볼 수 있다.

마케팅에서 밴드왜건효과는 상품의 가치를 입증하는 것이다. 예를 들어 상품 사용 리뷰, 소셜미디어, 대중매체 등을 이용해 인기를 끌어 모으는 것이다. 하지만 왜곡된 정보로 인해 과장광고로 처벌을 받게 될 위험에 빠지게 될 수 있으므로 주의를 기울여야 한다.

권위에 대한 복종

사회적으로 권위가 있는 인물이나 단체에 대한 복종을 말하는 심리효과다. 소비자는 권위 있는 인물이나 단체의 규칙을 자기 생각과 다르더라도 따르는 심리다. 제품의 신뢰성을 보여 주고 유명인, 전문가를 내세워 "나도 사용을 하고 있다"면서 추천을 하게 되면 없던 구매욕구도 생겨나게 된다. 마치 우리가 병원에 갔을 때 의사 선생님의 말씀이라면 무조건 믿는 것과 같다. 마케팅의 예를 들면 인증서, 보증서 등을 첨부하는 것이다.

전망이론 = 기대이론

전망이론은 이익은 빠르게 얻고 싶지만, 손해는 피하고 싶은 심리현상이다. 동일한 제품을 구매함으로써 얻을 수 있는 이익과 손해를 볼 수 있다는 위기감을 자극하는 행동심리를 적절히 유발해 줘야 한다. 마케팅 전망이론으로는 소비자의 이익과 손해에 대한 인식을 미리 파악하고 제품의 가치를 입증하여 반보성의 원리를 활용하는 것이 좋다.

후광효과

후광효과는 말 그대로 제품을 더욱 빛나게 해 주는 뒷배경을 말한다. 한 가지의 효용에 집중하여 깊은 인상을 남기고 더 많은 효용가치가 있을 것이라고 믿게 되는 심리효과이다. 예를 든다면 홈쇼핑에서 단골 연예인들이 판매하는 제품을 사용하면 나도 저렇게 될 것이라는 기대심리를 심어 주는 것과 같다. 인스타그램, 인플루언서의 메시지, 연예인 사진을 보고 더 많은 가치를 부여하고 구매하는 것도 마찬가지다. '내돈내산'이라는 컨텐츠로 광고를 해 엄청난 수익을 올렸던 유명 유투버가 실상이 밝혀지면서 큰 파문을 일으켰던 예를 생각해 보면 후광효과의 파괴력을 짐작해 볼 수 있을 것이다.

프레이밍효과

결과는 같으나 표현을 어떻게 하느냐에 따라 차이가 나는 것이 프레이밍효과다. '하루 한 알 비타민 100mg과 한 달 3,000mg 비타민'이 있다고 할 때, 큰 숫자에 더 끌리게 되는 심리를 말한다.

마케팅의 프레이밍효과로는 음료의 해로운 성분을 작은 단위로 사용하고, 가격도 큰 금액보다 작은 단위의 금액을 표기하는 것을 말한다.

좋은 결과를 강조하는 긍정적 프레밍과 부정적 프레밍이 있다.

고객이 행동하게 하는 심리요인 찾기

돈 골목에서 글쓰기

돈 골목의 골목대장 되기

돈 골목에서는 검색되는 글만이 살아남는다. 소비자의 니즈에 따라 돈 골목에서 살아남게 될지 돈 골목 근처에도 가지 못 하고 도태될지 결정된다. 결국은 글쓰기 방향에 따라 결과가 나온다.

상세페이지, SNS, 상품문구의 구성은 직관적이며 단순하고 정확한 언어를 사용해야 한다. 가독성이 떨어지는 긴 글이나 어려운 단어의 사용은 망하는 길이다. 구체적이고 짧은 문장으로 작성해야 한다.

가장 큰 핵심적 요소는 글쓰기의 목적을 잃어서는 안 된다는 것이다. 소비자를 파악하고 타깃 층을 위한 언어 선택과 정보전달을 잊지 말아야 한다.

정확히 누구에게 팔 것인가?

제품을 소비할 타깃을 구체적으로 정한다. 제품을 전하고자 할 소비자를 파악하고 긍정적인 면을 찾는다. 타깃층을 정할 때는 소비자가 이해하기 쉬운 언어를 사용하여 트렌드에 맞춘다.

예시 · 초등학교 입학을 앞둔 예비 엄마
 · 눈이 침침해진 40대
 · 1인 창업을 하는 20대 여성을 위한 마케팅
 · 10만 원으로 1박 2일 나 홀로 국내 여행하기

'리스티클'이라는 신조어가 보여주는 흐름

새롭게 탄생한 영어 신조어로 "리스티클Listicle"이라는 것이 있다. 이는 "리스트 형식을 취하고 있는 문장, 기사를 뜻하며, 주로 한 주제에 대해서 목록을 작성해서 서술하는 방식"을 가리킨다.

스마트폰을 통해서 기사를 읽는 사람들이 많아지게 되면서 자연스럽게 핵심을 강조하고, 콘텐츠를 보기 쉽게 '리스트' 형식으로 내놓는 글들이 탄생하게 되었다. 많은 사람들이 이러한 글에 매력을 느껴 머무는 시간이 늘자 급기야 "리스티클Listicle"이라는 신조어까지 탄생한다.

과거 "기사(Article)"에는 "리스트List"를 쓰지 않았다. 지금도 진지한 기사 혹은 에세이에는 리스트를 쓰지 않는다. 하지만 SNS(소셜 미디어)에서는 리스티클을 흔히 볼 수 있다. 페이스북과 같은 SNS를 많은 사람들이 사용하게 되면서, 자연스럽게 인기를 끌고 있는 콘텐츠들이 바로 "리스티클Listicle"이 되었다.

시각적으로 한눈에 볼 수 있게 정리된 카드뉴스를 예로 들 수 있다.

예시 • 똥배 쏙 빠지는 나만의 꿀팁! 건강한 장 만들기

• 건강을 지키는 첫 번째! 바르게 먹기

• 욱하지 않고 말하는 방법 5가지

• 꼭 봐야 할 베스트 영화 10선

• 면접에서 꼭 묻는 5가지 질문

효과적인 설득을 위한 숫자 사용

글쓰기에서 숫자를 사용하는 이유는 효과적으로 설득할 수 있기 때문이다. 글자보다 좀 더 구체적이고 신뢰를 바탕으로 소비자에게 정보를 제공할 수 있다는 장점이 있다. 객관적으로 정보를 전달하고 기억에 남을 수 있다.

예시 • 조회수 2배 늘리는 영상특강 5분

• 1개월 만에 매출 2배 올리는 방법

• 1일 10,000보 걷기

• 99%의 리뷰가 인증하는 제품

호기심 불러일으키기

소비자의 궁금증을 불러일으키는 물음표는 의문형이다. 궁금증을 유발하기 좋은 글쓰기는 관심을 불러 일으키는 호기심 유발은 의문형이기 때문이다.

예시 ・ 건강을 지키는 지름길이 있다면?

・ 단돈 100만 원으로 전국일주 하는 방법이 있다면?

・ 전교 1등의 비밀은 무엇일까?

・ 우리 아이를 위한 건강 상식은?

낯설게 소합하기

소비자의 상식을 깨고 새로운 것에 반응할 수 있게 하는 글은 역설
적인 글쓰기다. 새로운 접근 방식으로 평소 생각하지 못 했던 방식으
로 접근하여 낯선 것에 반응할 수 있게 한다. 자칫 잘못 사용하면 소비
자들의 불편함을 가져올 수 있으므로 상황에 맞는 글쓰기를 권유한다.

예시 ・ 하마터면 열심히 다이어트 할 뻔했다.

・ 살을 빼고 싶다면 당장 먹어라.

・ 부자가 되고 싶다고? 일하지 마라.

・ 대륙의 실수

양쪽을 대립시키기

양쪽을 각각 대립시켜 반대되는 성향으로 표현한다.

예시 ・ 역행자와 순리자의 차이

・ 한·중·일 삼국의 식사예절 결정적 차이

・ 상위권과 하위권 학생의 학습 방법에는 차이가 있다.

· 화성에서 온 여자 금성에서 온 남자

고객의 알 권리 제공

소비자에게 제품을 구매하고 그 제품을 구매함으로써 가져올 혜택
은 소비자의 알 권리에 해당한다. 고객의 알 권리는 곧 고객에게 유익
한 정보를 제공한다는 것이다.

예시 · 지금 즉시 신청하면 장학금 50만 원의 혜택

· 이번 달 할인이벤트

· 태블릿을 받을 수 있는 절호의 찬스

· 지금 시작하면 당신도 작가

고객의 니즈 드러내기

제품의 필요성에서 소비자 혼자만 제외되고 싶지 않은 심리를 말한
다. 최근 트렌드에 따라 가고 싶은 심리를 이용하여 글쓰기를 만들자.

예시 · 모르면 나만 손해 생활 꿀팁

· 대세를 따르는 혼술 메뉴

· 스타벅스 아르바이트생만 먹는 메뉴

우주를 사는
고객의 심리

딱 필요한 만큼만

대용량을 원치 않는 고객

짐승 용량, 대용량이라는 아이템들이 팔리지 않고 있다. 짐승템, 대용량이 팔리지 않는 이유가 있다.

대표적인 몇 가지 이유를 알아 보자.

작은 용량보다 더 높은 가격

대용량제품은 작은 용량의 제품보다 가격이 높을 수밖에 없다. 이는 생산에서부터 운송 유통까지 거치면 거칠수록 가격이 붙는다. 고객은 용량을 체크해 보기보다는 가격을 우선 체크하는 경향을 보인다. 따라서 대용량제품을 구매하기보다는 작은 용량의 가격이 낮은 제품을 구매하게 되는 것이다.

대용량제품과 짧은 유통기한

대용량제품은 일단 구매하면 오래오래 쓸 수밖에 없는데, 용량에 비해 유통기한이 짧아서 미처 사용하지 못 하고 쓰레기통에 넣을 수밖에 없는 제품들이 많다. 점점 가족의 규모가 작아져 핵가족화 되고, 더 나아가 1인가구들이 많아지고 있기 때문이다.

미니멀 라이프

비움의 미학으로 불리는 미니멀 라이프가 유행하면서 오랫동안 많은 보관 공간을 차지하는 대용량제품에 대한 소비가 크게 줄고 있다.

사회적 배경

쓰레기를 줄여야 한다는 면에서 환경에 대한 인식이 크게 바뀌고 있을 뿐 아니라 물가가 크게 오르면서 소비가 위축되면서 우리나라의 소비 패턴도 큰돈을 주고 대용량제품을 한 번에 구매하기보다는 딱 필요한 만큼만 구매하는 방향으로 바뀌고 있다. 한때 인기를 끌었던 대용량템은 사회경제적인 배경으로 인해 구매가 크게 점점 줄고 있는 상황이다.

고객이 딱 필요한 만큼의 용량과 수량 설정

제품을 팔고자 할 때 용량과 수량은 굉장히 중요한 판매 포인트다. 수량은 팔고자 하는 제품과 서비스의 가치와 가격에 대한 인식, 선택에 이르기까지 큰 영향을 미치기 때문이다.

용량, 수량이 제품의 가치에 미치는 인식에 대한 영향에 대해 이야기해 보자. 예를 들어 제품 용량, 제품 수량이 적으면 소비자는 제품의 희귀성으로 인한 매력을 느끼게 되고, 그 순간 한정판이라는 제품 가치와 명성을 얻게 된다.

반대로 제품의 용량, 수량이 많으면 언제든 살 수 있는 평범한 제품이라고 느끼게 된다. 따라서 제품의 가치가 떨어지고 구매욕구도 줄어든다. 따라서 소비자가 더 적극적으로 제품을 선택하도록 만들기 위해서는 선택 가능한 제품 수량을 딱 필요한 만큼이거나 아니면 보다 적은 수량과 용량이어야 한다.

소비자는 무조건 대용량 구성이라고 해서 사지 않는다. 소비자들의 인식을 고려해 보다 적극적으로 제품을 선택하도록 유도하는 용량, 수량을 결정해 판매를 해야 한다.

고객의 휴리스틱 심리를
이용하라

"사람은 문제에 맞닥뜨렸을 때 어떻게 생각하고 어떻게 판단하는가?"에 대한 심리학적 이론이 있다. 바로 휴리스틱 심리(heuriistic psychology)이다. 휴리스틱은 문제를 해결하거나 불확실한 사항에 대해 판단을 내려야 함에도 명확한 실마리가 없을 경우에 사용하는 편의적인 의사결정법을 말한다. 다른 말로 표현하자면 쉬운 방법, 간편법, 발견법, 어림셈(어림짐작)이라고 말할 수 있다. 즉 아무리 복잡한 문제라고 하더라도 그 문제를 해결하기 위해 사용하는 방법은 대부분 아주 간단하고 직관적이다.

휴리스틱은 어떤 선택에 영향을 미칠 뿐만 아니라 실제 사람들의 선택 결과에 영향을 준다. 그리고 이러한 과정에서 발생하는 소비자의 판단 방식을 휴리스틱 정보처리라고 한다.

휴리스틱 정보처리 방법은 정보의 내용이 아닌 정보원에 대한 신뢰나 정보의 길이 등 몇 가지 정보 단서만으로 정보를 판단하고 부차적인 단서로 정보를 처리하는 방법이다.

소비자는 특정 상황에서 자신의 필요에 따라 의사결정 전략을 수정하여 상황에 적응하게 되는데, 여기서 상황에 따라 중요한 정보만 사용해 결정을 내리게 된다. 소비자가 이러한 합리적이지 않은 판단을 내리는 이유는 현실적 상황에서 대부분 최적의 해답보다는 처해 있는 상황에서 그나마 만족스러운 해법을 찾아야 하기 때문인 것으로 보인다. 결국 휴리스틱 정보처리 방법은 정보의 핵심 내용이 아닌 몇 가지 정보 단서만으로 정보를 판단하고 처리하는 방식이라고 할 수 있다.

한편, 온라인 거래에서 구매자는 정보의 불확실성을 위험으로 인식하고 다른 정보처리 단서를 참조하여 결정을 내리게 되는데, 이때 온라인 상품 거래에서 셀러 또는 상품의 평판은 구매자의 품질 판단과 신뢰 구축에 영향을 미칠 수 있다.

이처럼 휴리스틱 심리를 잘 고찰한다면 내가 팔고자 하는 문제는 간단하게 해결된다. 어떻게 팔 것인가에 대한 노력이 확실히 줄어들게 되는 것이다.

대표성 휴리스틱

고객 입장에서 '대표성 휴리스틱'에 대해 살펴 보자.

고객은 제품을 써보기도 전에 먼저 외형이나 브랜드 이미지로 제품에 대해 판단을 내린다. 이것을 '대표성 휴리스틱'이라고 하는데, 고객은 제품의 브랜드나 이미지 및 패키지 디자인과 포장 디자인, 이

전에 제품을 써보고 느낀 이벤트를 떠올려 제품에 판단을 내린다. 즉 각 브랜드들이 제공하는 '샘플 제공' 마케팅을 통해 "이 제품을 한 번 써 보았더니 좋더라."라는 판단을 내리게 되면 다른 제품을 써 보지도 않고 구매하는 것이다.

셀러는 이러한 고객의 휴리스틱 심리를 꼭 이용하여 제품과 서비스 기회 구성을 만들어야 한다. 유능한 셀러들은 고객이 꼼꼼하게 제품 구성과 가격을 살피기보다 '대표성 휴리스틱'인 브랜드 이미지로 판단하는 경우가 많다는 점을 잘 알고 있다. 이들이 제품의 사진, 영상, 썸네일, 상세페이지 이미지에 최선을 다하는 이유다.

이처럼 대표성 휴리스틱은 고객의 판단과 구매결정에 큰 영향을 미친다. 따라서 이를 잘 이용해 상품 마케팅을 하고 판매활동에 나서야 한다. 즉 판매활동을 하기 전에 먼저 더 깊게 고객의 심리를 공부해야 하는 것이다.

대표성 휴리스틱을 이용한 판매전략은 다음과 같다.

대중적 인기를 이용하는 전략

제품 및 서비스에서 대중적 인기를 이용하는 것으로 대부분의 사람들이 좋아하고 원하는 것이라고 강조면 된다. 소비자들이 대중적으로 사용하는 소셜미디어 및 매체를 이용하여 인기 있고 모두가 원하고 좋아하는 제품이라고 강조한다.

대표성 제품을 선정하는 전략

고객의 인지적 경향성을 활용한다. 이를 이용하여 대표적인 브랜드 제품으로 인지하도록 하는 것이 중요하다.

평범한 브랜드로 보이도록 하는 전략

브랜드 이미지를 대중적인 평범한 이미지로 만들어야 한다. 대중매체를 이용하여 평범함으로 다가가고 평범한 스토리로 광고를 전개하거나 소셜미디어를 통해 평범하고 대중적인 콘텐츠로 활용하는 것이다.

인기상품 및 선호도 정보를 공유하는 전략

고객은 대중적인 인기를 가진 것을 선호한다는 점을 이용하는 전략으로, 인기 상품과 서비스에 대한 정보를 공유하는 것도 효과적인 전략이다.

가용성 휴리스틱

다음은 가용성 휴리스틱이다.

가용성 휴리스틱이란 고객이 판단을 내릴 때 기억에 많이 남아 있는 제품이나 서비스에 대해 흔히 알려진 사례나 정보를 활용해 구매 결정을 내리는 것이다.

예를 들어 "오메가3는 무조건 필수"라는 정보나 "올리브오일이 몸에 좋다." 라는 건강 정보를 보고 들어 기억에 남아 있다면, 올리브오일에 관련된 제품, 오메가3에 관련된 제품에 대한 구매에서 빠른 결정을 내리게 될 것이다.

가용성 휴리스틱은 고객에게는 매우 편리한 정보처리 방법이다. 고객은 중요한 정보를 놓치고 오해하는 경우가 많으므로 판매 시에는 오해를 일으키는 정보 또는 잘못된 정보가 고객에게 노출되어서는 안 된다. 따라서 다양하고 정확한 정보를 제공해야 하며 객관적이고 주관적인 경험을 모두 고려하여 판매를 해야 한다.

가용성 휴리스틱을 이용한 판매전략에는 브랜드 또는 제품 및 서비스에 대해 긍정적인 정보와 후기 노출 전략이 있다. 즉 팔고자 하는 제품과 서비스에 대한 긍정적인 정보와 후기, 만족도 설문조사, 수상경력, 제품과 관련된 긍정적인 뉴스 및 칼럼을 이용하여 고객과 마주칠 수 있는 접점에 게시하거나 전달하는 것이다.

자기편향 휴리스틱

다음에는 자기편향 휴리스틱에 대한 판매전략을 알아보자.

자기편향 휴리스틱은 소비자가 경험하고 있는 상황을 바탕으로 결정하게 하고, 판단하게 하고, 판단을 지속적이게 하는 인지적 심리다.

자기편향 휴리스틱을 이용한 판매전략은 다음과 같다.

만족 소유효과를 강조 전략

물건의 평가와 만족이 클 때 우리는 무언가를 소유하고 싶어 한다. 물건을 소유했을 때 구매에 대한 만족도는 높아진다. 따라서 제품과 서비스를 구매한 후 소비자에게 제품과 서비스가 소유되는 느낌을 강조하는 전략이다.

사회 모두의 증명 전략

사회적으로 모두가 쓰는 증명의 심리는 다른 사람들의 행동을 모방하고자 하는 심리에 있다. 따라서 다른 사람들이 해당 제품과 서비스를 구매하고 쓰고 있다는 사실이 강조되면 행동 모방의 심리와 해당 제품의 인기가 높다는 증명을 동시에 할 수 있다.

소비자의 자아 정체성 업그레이드 전략

제품과 서비스를 구매함으로써 소비자는 자아 정체성에 제품과 서비스를 통해 "자신이 업그레이드 된다." 라는 느낌을 줄 수 있어야 한다. 제품을 통해 자신이 품격 있는 삶을 살 수 있다고 강조하면 된다.

위의 전략들은 모두 휴리스틱 심리를 세부화 하여 판매전략을 세운 것이다.

판매에 문제가 생기더라도 휴리스틱 심리를 이용한다면 문제를 하나씩 하나씩 아주 간단하게 해결해 나갈 수 있다.

필자는 트윙클컴퍼니를 운영하면서 보이지 않는 상품 교육을 함에 있어 위와 같은 휴리스틱 심리를 이용하여 상담하고 판매한다. 회사가 있는 지역인 창원뿐만이 아니라 이제는 전국에서 상담문의가 오고 있다. 투머치 토크를 하자면 이제는 동남아교육 진출도 앞두고 준비하고 있다.

보증금 500만 원에 월세 45만 원이 없어 간판도 달지 못 하고 시작한, 돈은 물론이고 마케팅까지 1도 모르던 아줌마 사람도 했다. 당신도 할 수 있으니 이 책에 더욱 집중하기 바란다.

우주는 얼마에 팔아야 하지?

우주를 팔고자 한다.

'어떻게 팔 것인가? 얼마에 팔 것인가?'

두 가지가 고민으로 떠오를 것이다.

'얼마라는 가격'은 곧 '우주'라는 제품과 서비스에 얼마의 가격을 붙여 판매할 때 고객이 납득하고 구매할 수 있을 것인가를 말한다. 최저가, 최고가 가격을 결정하는 것은 매우로 어렵고 고민스러운 문제다. 가격은 판매전략 중에서도 매우 중요한 요소이므로 전략적인 분석을 통해 설정해야 한다. 고객은 가격과 대비해 브랜드 및 상품, 서비스를 판단하는 심리를 가지고 있기 때문이다.

가격 설정 전략

가격 설정의 목적

제품과 서비스가 시장에 뛰어들었을 때 가격을 통해 얻고자 하는 목적이 있어야 한다. 기업의 방향에 따라 목적이 다르겠지만 순이익, 브랜드 성장, 시장점유율, 단기판매 등이 고려해야 할 요소이다.

수요 가치에 대한 설정

제품 서비스의 가격에 따라 수요의 그래프는 달라진다. 시장의 대략적인 그래프를 보면 가격과 수요 사이의 관계 그래프는 곡선을 이룬다. 가격이 높을수록 수요가 줄고 가격이 낮을수록 수요가 높다는 뜻이다. 그러므로 수요 가치에 대한 설정을 해야 한다.

원가 커버 가격 설정

제품이나 서비스를 생산하는 과정에서는 비용이 발생한다. 그것이 원가라고 보면 된다.

가격은 원가에서 이윤을 더한 값어치다. 작은 이윤을 남길지라도 많이 판매한다면 전체적으로는 큰 이윤을 남길 수 있다.

하지만 원가 이하로 계속해서 판매를 한다면 어떻게 될까? 어떤 기업이든 제품 생산과 유통, 마케팅 등에 소요되는 비용을 충당할 수 없으므로 금방 무너질 수밖에 없다. 즉 원가를 잃어서는 안 된다.

경쟁시장 조사

제품과 가격을 설정하는 데 빠져서는 안 되는 작업이 있다. 바로 경쟁업체의 가격이다. 또한 경쟁업체의 판매가격 대비 제품, 서비스품질, 원가에 대해 분석하여야 한다. 또한 경쟁업체의 제품 가격과 더불어 제품이나 서비스의 약점 혹은 문제점을 우리 브랜드로 해소할 수 있는 가치를 제시함으로써 경쟁사보다 오히려 높은 가격을 제시해 더 큰 이윤을 남기는 방법도 찾을 수 있다. 반면에 경쟁사에 비해 우리가 더 많은 약점을 가지고 있다면 결국은 가격을 인하하는 것으로 경쟁력을 갖추는 방법밖에는 없다.

가격 결정법을 시스템화

가격을 설정하는 방법에는 목표 수익률, 회사의 성장목표, 가치 가격결정 등 방법이 많다. 이러한 방법을 모두 충족할 수 있는 가격 결정법을 브랜드에 맞게 설정한다면 제품이나 서비스의 품질과 충성고객을 보장한 채로 오랫동안 브랜드를 이끌어 나갈 수 있을 것이다.

가격에도 서비스가 있어야 한다

최종적으로 결정된 최종 가격으로 시장에 나갈 때 가격에 대한 서비스를 만드는 것이다. 환불기준, 품질보증기관, 교환비용, 구매시기 등 가격에서 일어날 변수를 고려해 두는 것이다.

가장 효율적인 가격은 소비자가 지불하려는 최대 금액에 가깝게 설계된 가격이지만 설계된 가격에도 가격설정 비즈니스전략이 필요하고 가격이 곧 기업의 가치이고 제품의 가치이다. 대충 고민 없는 가격설정전략은 브랜드 제품과 서비스의 생명을 갉아먹는다.

가격설정전략을 분석하고 활용하여 가격 범위의 분석과 설정의 전략가로서 최적의 가격으로 고객의 심리를 움직여 손에 잡히지 않는 우주라도 기꺼이 구매를 결정하도록 이끄는 판매 금액을 만들어야 한다.

손실회피 심리를 이용한 판매전략

손실회피 심리(Loss Aversion)는 가장 기본이 되는 행동경제학의 이론으로, 사람은 무엇인가를 얻을 때와 잃을 때 느끼는 체감이 다르다는 것이다. 그리고 그 중에서도 잃을 때 느끼는 감정의 정도가 얻을 때보다 훨씬 크다.

이미 많은 행동경제학자들이 손실회피 심리에 대해 진행했던 실험 중 하나로 머그잔 실험이 있다.

사람들에게 머그잔을 보여 주면서 "만약 이 머그잔을 산다면 얼마에 살 것인지 가격을 매겨 보라"고 하고, 그 뒤에 머그잔을 공짜로 나눠 준 후에 "만약 머그잔을 판다면 얼마에 팔 의향이 있느냐?"고 물었다.

이 실험을 통해 알게 된 것은 머그잔을 가지고 있지 않을 때보다 머그잔을 가지고 있을 때 머그잔의 가치를 더 높게 평가한다는 것이었다. 이 말은 머그잔을 판다는 것은 곧 자신의 손에서 머그잔이 없어진다는 것을 의미하고, 이때 머그잔 상실에 대한 가치를 더 높게 평가

한다는 것이다.

이런 실험도 있다. 길을 걷고 있는 사람에게 만 원을 주고는 50% 확률의 동전게임을 제안한다.

"만약 당신이 이기면 만 원을 더 주고 당신이 진다면 주었던 만 원을 뺏겠습니다. 도전하겠습니까?"

대부분의 사람들은 이미 받았던 만 원에 만족을 하고 가던 길을 다시 재촉했다.

이 게임을 약간 비틀어서 처음부터 2만 원을 주고, 주자마자 다시 만 원을 뺏으면서 상대방에게 제안을 한다.

"이 돈 2만 원은 당신 것이지만 2만 원을 모두 가지려면 나와 동전게임을 해야 합니다. 동전게임에서 이기면 당신은 2만 원을 가지는 것이고, 진다면 2만 원을 모두 잃게 됩니다."

사람들의 반응은 어떠했을까?

이번에는 오히려 대부분의 사람들이 게임에 응했다.

사실 이 두 가지 경우, 초기에 주는 조건이 다른 듯 보이지만 사실 결과적으로 같은 내용을 가지고 게임을 제안하고 있다. 하지만 두 번째 실험의 경우 돈을 주었다가 다시 뺏음으로써 사람들에게 실제로 손해를 보는 듯한 느낌을 주도록 하여 게임에 더 많이 응하게 만든 것이다.

고객심리학에서 최전선을 달리는 기업 마케팅팀에서는 이런 손실회피심리를 교묘하게 자극한다. 하나의 문구만 달라져도 판매율을 높일 수 있기 때문이다.

예를 들어서 홈쇼핑 등을 살펴 보면 유능한 셀러는 "이번 기회를 이용해서 싸게 구매하세요."라고 하지 않는다는 걸 알 수 있다. 대신 "이번 기회를 놓치면 더 이상 이 물건을 싸게 살 수 없습니다."라고 말한다. 사지 않으면 손해라는 느낌을 갖게 하고 여기에서 손실을 회피하고자 하는 심리가 작동해 판매율이 상승하는 효과를 볼 수 있기 때문이다.

행동경제학의 시작을 만들었던 카너먼과 트버스키는 여러 가지 실험을 통해서 이익을 보았을 때보다 손실을 보았을 때 느끼는 강도가 2~2.5배가량 큰 것을 발견해 냈다. 예를 들어 10만 원짜리 복권에 당첨되었을 때 느끼는 감정보다 10만 원짜리 벌금고지서를 받았을 때의 감정의 정도가 2배 이상 크다는 의미다.

주식투자를 하는 사람보다 하지 않는 사람이 더 많은 이유도 손실회피심리 때문이다. 크건 작건 이익률보다는 원금 손실을 거부하는 심리이다. 구매율이 잘 오르지 않는 것도 이런 손실회피심리에서 기인한다.

다음은 손실회피심리를 이용한 판매전략이다.

카드결제 시스템 전략

"현금을 버는 사람이 돈을 잘 버는 사람이다."라는 말은 옛말이다.

고객이 제품을 구매할 때 현금결제를 하도록 유도하면 고객은 지금 당장 자신이 가지고 있는 지갑에서 돈이 빠져나가는 게 보이므로 손실을 보았다고 생각한다.

하지만 카드결제를 유도한다면 지금 당장이 아닌 미래에 손실을 느끼기에 훨씬 더 쉽게 수용한다. 카드사의 할부 혜택을 이용하여 무이지 할부, 일부분 무이자 혜택을 고객에게 느끼도록 유도하는 이유다. 소비자들은 손실회피 성향으로 신용카드 결제 기간을 피하고 싶어 체감 손실액을 덜고 싶어 하기 때문에 카드결제를 통해 할부, 무이자 시스템을 적극적으로 구축해야 하고 권유하는 것이 전략의 핵심 줄기이다.

현재 필자들의 회사 트윙클 컴퍼니에서는 수강권을 네이버 스토어 팜을 통해서도 카드결제 시스템을 만들었다. 신용카드를 내밀어 "할부 3개월로 해 주세요."라는 말이 민망해서 결제를 피하는 고객을 위해 만든 카드 결제 시스템이다. 포털 사이트 카드 결제를 통해 자신이 결제기간을 정하고 체감 손실액을 덜면서 매출은 좋아졌다. 그리고 포털 사이트에서 주어지는 무이자 시스템, 카드사 혜택은 덤으로 생기며 카드 결제가 편하다는 반응을 나타냈으며 고객의 불편도 감소했다.

포인트 적립금 시스템 전략

소비자의 입장에서 구매는 곧 내 손에서 돈이 빠져나가는 것이다. 즉 손실이다. 그렇기에 구매를 하는 것이 손실이 아니라 오히려 이득이라는 설정 시스템이 중요하다. 그를 위해 하는 것이 구매를 하면 곧

바로 따라오는 포인트 적립금이다. 포인트 적립금으로 손실회피를 잊게 하는 것이다. 정해진 기간을 정해 "포인트 적립금 두 배, 구매가 곧 이익"이라는 강력한 콘텐츠를 이용하는 전략이다.

위의 설명처럼 트윙클 컴퍼니의 수강권을 스토어로 구입하면서 네이버 페이 시스템으로 포인트도 두 배로 얻어가고 적립금도 쌓으니 돈이 절약이 된다고 생각하여 적극적으로 결제를 하고 있다.

타임 설정 공략

구매 할인율을 크게 주는 타임, 구매할 수 있는 타임을 설정하여 고객의 눈에 마감시간을 보이게 하여 손실보다는 목표 심리를 더 일으키고자 하는 전략이다. 시간이 줄어드는 모습을 통해 시각적으로 자극을 주고 손실회피심리를 감소시킴으로써 구매 버튼을 누르도록 하는 것이다.

큰 손해임을 인지시키는 전략

"50% 세일을 놓치고, 두 배 적립금을 놓치고, 1+1을 놓치면 손해"라는 인지를 이용하는 전략이다. 오히려 손실회피심리를 역으로 이용해 사지 않으면 큰 손해를 입는 것이라는 상품표현 멘트를 통해 구매결정을 유도한다. 즉 구매를 통해 사지 않음으로써 보게 될 손실을 회피했다는 안도감과 만족감을 자극하는 전략이다.

여름방학 특강, 겨울방학 특강, 시즌 특강, 취업준비 특강 등 짧은 기간과 특별한 네이밍을 통해 순간의 기회를 제공하여 트윙클 컴퍼니의 교육에 경험이 없는 신규고객을 확보하고 교육에 대해 소비를 하지 않는 비충성고객, 수강료가 비싸다고 생각하는 불만 고객까지 확보하고 있다. 그리고 트윙클 브랜드에 대한 충성고객이신 분들은 더욱더 우선권으로 구매를 하시는 것으로 보아 흔하지만 꼭 해야 하는 전략이다.

우주조차 팔 수 있는 탁월한 셀러로 성장하고자 한다면 무엇보다도 '문제해결 능력'을 키워야 한다. 지금까지 간략하게 설명했던 몇몇 전략들, 손실회피심리를 활용한 판매전략들은 필자도 현실적으로 응용하고 있는 판매기법들이다. 현실의 판매활동에 응용해 보고 다른 전략에 대해서도 다양하게 검토하고 익히도록 하자. 물론 그 전략은 브랜드, 제품, 서비스와 맞아야 한다. 특히 손실회피심리는 무엇보다도 강력한 판매전략이므로 잘 활용한다면 우주라도 팔 수 있을 것이다.

우주를 사고 싶은 구매욕구를 자극하라

소비자들의 구매패턴을 보면, 필요성보다 자신도 모르게 충동적으로 구매하는 경우가 더 많다. 현명한 소비를 하겠다며 아무리 다짐을 해봐도 충동적으로 물건을 사게 되고 나중에 후회하는 일이 자주 벌어진다. 왜일까? 이러한 구매 패턴에는 여러 가지 심리적 요인들이 있다. 따라서 내가 셀러라면 소비자들이 가지고 있는 이와 같은 심리적인 요인을 이용해 구매욕구를 자극시킴으로써 소비자로 하여금 내 제품과 서비스를 사도록 유도할 수 있어야 한다.

구매욕구를 자극하는 전략

가격을 낮추는 대신 포장과 라벨을 고급화하는 전략

치열한 경쟁시장에서 살아남기 위해 최저 이윤, 아니 제로 이윤을 감수하며 제품을 파는 데 급급한 모습을 많이 볼 수 있다. 하지만 이것은 잘못된 문제 해결법이다. 그렇다면 다른 해결책은 있을까?

위스키 브랜드인 '시바스리갈'은 치열한 경쟁으로 인해 어려움을 겪게 되자 제품 가격을 낮추는 선택이 아니라 라벨과 패키지를 고급화 하는 전략을 채택했다. 가격도 오히려 20% 가량 높였다. 이런 시바스리갈의 전략은 많은 사람들의 우려를 샀지만 결과적으로 시바스리갈의 판매는 오히려 크게 증가했다.

지열한 경쟁에서 살아남기 위해 제품 가격을 낮추는 것은 일반적으로 많은 기업들의 선택지에 있다. 하지만 시바스리갈이 살아남기 위해 선택한 것은 제품을 고급스럽게 포장하고 브랜드 가치를 높이는 것이었다. 그리고 높아진 브랜드 가치에 맞추어 가격 또한 높게 책정함으로써 품격을 높이는 전략을 택했던 것이다.

이것은 물건을 구매함으로써 자신의 품격을 높이고 싶어 하는 구매자의 심리를 이용한 품격 마케팅이다. 제품이 실제로 가지고 있는 가치보다 비싸다고 하더라도 고급 상품을 구매함으로써 자신의 지위와 부를 과시하는 상징성을 얻고 싶어 하는 보상심리가 생기기 때문이다. 명품 제품들의 마케팅 역시 이런 범주에 있다고 할 수 있다.

과시할 수 있는 제품과 서비스를 만들어라

미국 경제학자 소스타인 베블런은 "가격이 곧 사회적 지위를 상징한다." 라고 했다. 치열한 시장경쟁과 경기 불황으로 경제가 어렵다고 하더라도 명품매장 앞에는 날마다 오픈런 대기 줄이 늘어서 있다. 영혼까지 끌어 모아 집을 사는 것이 아니라 '영끌'로 명품 구매를 위해 줄을 설 정도로 그들은 우월감과 자기 과시를 위한 소비성향이 강하다. 특히 지금처럼 SNS를 통해 자신을 드러내고 과시하는 사회 분위기가 팽배해지면서 이런 소비성향이 점점 더 확산되고 있는 실정이다. 즉 다른 사람과 차별화 하는 도구로 명품 소비를 하는 흐름이 점점 더 커지고 있는 시점에서 이들의 심리를 이용해 나의 제품과 서비스로 그들의 과시 욕구에 부응시키고자 하는 판매전략을 '명품마케팅'이라고 이름 할 수도 있을 것 같다.

빅데이터를 이용하여 분석하라

AI가 대세로 자리 잡고 있는 4차산업시대에서도 빅데이터 분석은 사회경제적 흐름을 알아내고 적응하는 데 매우 중요하다. 그리고 이런 시대적 흐름에 적응하고 살아남기 위해서는 빅데이터를 통해 내 제품과 서비스를 꼼꼼하게 세분화 해 분석해야 한다.

이제는 네이버 스마트스토어만 운영해도 하루하루 빅데이터가 알아서 정리하고 분석해 주는 시대다. 이 빅데이터 통계와 결과치 분석을 이용해 고객의 구매욕구를 자극할 수 있는 전략을 세워야 한다.

다음은 빅데이터를 통해 세분화 해야 할 요소들이다.

제품과 서비스의 판매 분석 세분화

판매 성과, 상품 성과, 상품/마케팅 채널, 상품/검색 채널, 상품/인구통계, 상품과 고객의 프로파일, 상품/지역 배송 통계로 세분화 할 수 있다.

마케팅 분석 세분화

전체 채널, 검색 채널, 웹사이트 채널, 사용자 정의 채널, 인구통계, 시간대별 상품 노출성으로 세분화할 수 있다.

쇼핑 행동 분석 세분화

상품 카테고리별 상품에 대한 상세 조회수, 조회수당 결제율 및 페이지별 평균 체류시간을 분석한다.

컬러가 매출이다

지금은 브랜드 및 제품, 서비스가 넘칠 정도로 과열되어 가는 시대다. 너도나도 1인 창업자, 1인 셀러로 활동하는 모습들을 흔하게 볼수 있다.

몇 년 전만 해도 온라인판매 경쟁시장에서 살아남는 게 그리 어렵지는 않았다. 화려하게 포장해 사진만 잘 찍어 노출해도 매출이 나왔다. 그러나 지금은 하루 아니 한 시간이 멀다고 달라진다. 저마다의 개성, 자신만의 색을 내세우며 자기 제품을 판매하기 위해 치열하게 경쟁한다.

이제는 화려한 포장과 제품 비주얼로 구매자의 눈길을 사로잡아 대박을 치던 셀러들 대신 심플하고 군더더기 없는 평범한 색깔의 제품을 내세우는 셀러들의 매출이 오히려 높아졌다. 오색찬란한 불빛들이 난무하는 세상에서는 오히려 단순한 한줄기의 빛이 더 잘 드러나 보이는 것처럼 화려한 비주얼의 제품이 난무하는 시장에서는 외려 간결하고 심플한 컬러로 어필하는 제품들이 사람들의 마음을 끌고 있는 것이다.

　이것은 무엇을 의미할까? 바로 시장의 흐름을 섬세하게 읽어내면서 자신만의 컬러전략이 필요하다는 점을 분명하게 보여 주고 있음이다.

　우리는 아침에 일어나 다시 잠들기까지 하루 종일 컬러 속에서 살아가고 있다. 이것은 컬러라는 시각적 자극이 우리들에게 매우 큰 영향을 끼치고 있다는 것을 의미한다. 실제로 컬러가 마케팅 분야에서 핵심적인 요소로 등장한 것은 이미 오래 되었다.

　상품판매 매출을 올리기 위해서는 소비자의 기억에 오래 남아야 있어야 한다. 당연한 말이다. 여기서 인식해 두어야 하는 점은 컬러가 소비자의 뇌에 깊숙이 파고 들어가는 물리적 힘을 가지고 있다는 사실이다. 브랜드마다 대표 컬러를 선정하고 굿즈를 만들어 다방면으로 활용하고 소비자의 시각을 자극하기 위해 노력하는 이유이다.

　컬러는 물건뿐 아니라 사람에게도 대명사처럼 작용한다. 보라색을 상징 컬러로 사용하는 BTS가 대표적이다. BTS의 대표 컬러인 보라색은 "밖으로 열리는 문을 상징하여 외부의 고난과 역경을 막아낸다." 라는 슬로건을 담고 있는데, BTS는 보라색 컬러를 통해 "현실에 안주하지 않고 새로운 세상으로 나간다"는 스토리를 입힘으로써 전 세계를 보라색으로 물들였다. 사람에게도 대표 컬러를 입히고 로고 모양을 입혀 팬덤을 형성한 예이다.

컬러에는 매출을 높이는 직접적인 힘이 있다. 한국색채연구소에 따르면 인간은 사물을 인지할 때 시각 70%, 청각 20%, 후각 및 촉각 미각 등 10%를 사용한다고 한다. 70%를 차지할 만큼 컬러가 가지고 있는 인지력은 대단하다.

지금 당신의 브랜드에는 어떤 대표 컬러가 있는가? 없다면 서둘러 상징 컬러를 만들어야 한다. 그리고 컬러와 로고에 BTS처럼 슬로건과 스토리를 입힘으로써 당신의 브랜드 컬러는 더욱 강해질 것이다.

우리나라를 생각하면 빨간색과 파란색이 조화를 이루는 태극이 떠오르고, 삼성이라고 하면 파란색이 떠오른다. 이처럼 컬러전략은 브랜드를 떠올리게 만드는 강력한 힘을 가지고 있다. 교육, 문화, 예술, 상품, 뷰티, 패션, 식품업계 등 어떤 분야에서든 당장 시작해야 한다.

컬러마케팅의 장점

컬러마케팅전략은 시각적인 요소를 통해 구매를 유인하기 위한 공략법이다. 시각적인 요소는 우리의 구매욕구를 관장하는 뇌를 자극하는 주요 감각이기 때문이다. 이런 컬러전략에 대한 효과는 이미 충분히 입증돼 사용되고 있는, 새롭지도 않은 마케팅 요소 중 하나가 되었다. 즉 초록색이라고 하면 '스타벅스'가, 빨간색이라고 하면 '코카콜라'가 떠오른다. 컬러마케팅에 성공한 브랜드 예라고 할 수 있다.

컬러마케팅이란 색상으로 소비자의 구매욕구를 자극하는 마케팅

기법이다. 컬러가 가지고 있는 스토리를 제품 특성과 결합하여 좀 더 차별적인 가치를 드러내기 위함이다. 그렇다면 '컬러마케팅'의 장점, 주의해야 할 점은 무엇일까?

'한국마케팅연구회'의 조사에 따르면 소비자의 구매 결정에 가장 많은 영향을 주는 감각은 바로 시각이다. 무려 87%나 차치한다고 한다. 그만큼 구매사의 행동을 이끌어내는 데 시각적 요소가 매우 중요한 요소라고 할 수 있다. 시각적인 자극을 활용한 대표적인 마케팅 방법이 바로 '컬러마케팅'이다. 특히 현대인들은 컬러의 홍수에 휩싸여 있다 보니 복잡한 컬러에 싫증을 내고 단순한 이미지에 쉽게 반응하게 되었다. 뒤섞인 컬러가 아니라 특정 컬러만을 사용함으로써 정보를 좀 더 쉽게 전달할 수 있는 컬러마케팅이 더욱 중요해지고 있는 시점이다.

컬러마케팅의 장점은 크게 4가지로 꼽을 수 있다.

① 브랜드 가치 및 인지도 상승
② 기업의 아이덴티티 형성
③ 경쟁 제품과의 차별화
④ 상품 구매욕구 증가

컬러마케팅으로 성공한 대표적인 브랜드들을 간략하게 살펴보면서 컬러마케팅이 어떤 영향력을 가지고 있는지 알아보도록 하겠다. 그리고 내 상품에 어떤 컬러를 적용해 마케팅할 것인지 생각해 보는 기회를 갖도록 한다.

초록색의 스타벅스

초록색은 평화와 중립 그리고 편안함과 안정을 상징하는 색으로, 스타벅스가 바로 이 초록색을 상징 컬러로 채용한 대표적인 기업이다. 스타벅스는 매장 로고부터 인테리어에 이르기까지 초록색을 사용함으로써 소비자들에게 편안하고 안정적인 느낌을 주고자 하였는데, 실제로 스타벅스에서는 "회색 빌딩 숲속에서 즐기는 커피 한잔의 여유, 그리고 평온함"을 마케팅 테마로 삼고 있다고 한다.

한편 초록색은 화장품업계나 유기농 브랜드에서 주로 선호하는 색상이기도 하다. (대표적인 브랜드로 이니스프리와 네이처 리퍼블릭 등이 있다.)

빨간색의 코카콜라

빨간색이 가지고 있는 특징으로는 주목도를 높인다는 점과 소비자들로 하여금 공복감을 불러일으켜 식욕을 돋우는 효과가 있다. 동시에 고개들에게 약간의 심리적 불안감을 안겨줌으로써 매장 내에서 오래 머물지 않도록 유도해 테이블 회전율을 높이는 효과도 있다고 한다.

빨간색으로 마케팅에 성공한 대표적인 브랜드는 바로 코카콜라다. 코카콜라가 대표 컬러로 빨간색을 선택한 이유는 콜라의 원재료였던 코카 잎과 코카인을 들여온 나라, 페루의 국기 색깔이 빨간색이기 때문이라고 한다. 단순한 이유로 빨간색을 채택한 것이기는 하지만 코카콜라를 대표하는 색상으로 강렬한 이미지를 남겨 성공을 거두었다. 이후에는 빨간색의 이미지를 고도화하기 위해 상업광고에 빨간색 옷을 입은 산타클로스를 적극적으로 활용하고 모든 마케팅 및 프로모션에도 빨간색을 주요 색상으로 사용함으로써 브랜드 이미지를 확고하게 만들이 간다.

파란색의 블루보틀

흰색 배경에 터키 블루 빛 물병, '블루보틀'이라고 하면 바로 떠오르는 이미지일 정도로 블루보틀의 로고는 심플하고 명확하다. 블루보틀의 거의 모든 매장은 이렇게 흰색 벽과 파란색 로고만 존재하고, 다른 컬러들은 크게 사용되지 않는다. 또 블루보틀의 매장 디자인의 완성도는 최소한의 컬러 사용에서 나오고 있다. 흰색, 갈색 그리고 커피색인 갈색만을 주로 사용한다. 블루보틀 매장 내에서 판매하는 원두, 쿠키 등은 물론 텀블러, 머그잔 등 거의 모든 MD 상품이 이 세 가지 색에서 크게 벗어나지 않는다고 한다. 절제된 컬러 사용으로 블루보틀만의 브랜드 아이덴티티를 더욱 확실하게 보여 주는 것이다.

컬러마케팅에서 주의해야 할 점

초록색을 잘 활용한 '네이버'나 '이니스프리'와는 달리, 상품 색을 초록색으로 설정하여 마케팅에 실패한 사례가 있다. 바로 세계 1위 케첩 회사인 'HELNZ'이다.

기존의 토마토 케첩이 빨간색을 고집했던 것과 달리 '토마토=빨간색'이라는 고정관념을 탈피하고 파격적인 마케팅을 시도한 것이다.

하지만 이는 처참한 실패를 맛보았다. 일반적으로 초록색은 식욕을 돋구는 것이 아니라 식욕을 감소시키는 효과가 있을 뿐더러 상한 음식을 연상하는 느낌을 주기 때문이다. 이러한 이유로 세계 1위 케첩회사에서 출시한 제품이었으나 소비자들의 외면을 받았던 것이다. 즉 상품의 색상 연결이 부적절하거나 기존에 이미 고정되어 있던 색상과 어긋나게 선정하면 소비자의 신뢰를 잃게 된다.

이 외에도 '해태'의 '옐로 콜라'사례 또한 기존의 콜라 색깔인 고동색에서 벗어나 노란색을 선택함으로써 소비자의 반감을 산 적이 있다.

컬러를 활용한 마케팅의 효과가 뛰어난 만큼, 충분한 리서치를 한 후 브랜드 혹은 상품 색깔을 지정하는 것이 매우 중요하다는 것을 알 수 있다.

컬러마케팅에서는 다음 두 가지 사항을 주의해야 한다.

① 기업이 추구하는 메시지와 정체성을 명확히 부여하고 이에 맞는 컬러를 지속해서 유지해야 한다.
② 컬러가 가지고 있는 스토리를 제품의 특성과 결합함으로써 좀 더 차별적인 가치를 전달해야 한다.

CHAPTER

7

우주가 돕는
사람은
돈기부여가
되어 있다

호랑이 굴에 들어가라

　물가가 폭등하고 경제 환경이 흔들리면서 온 나라가 아우성이다. 하지만 국가경제가 흔들린다고 해서 '나'까지 흔들릴 수는 없는 일이다. IMF, 외환위기 등 국가경제가 흔들릴 때마다 모든 국민들의 삶 역시 힘겨울 수밖에 없었지만 과거의 경험을 뒤돌아보자면, 국가경제가 파탄지경에 빠져 있을 때조차 누군가는 오히려 억만장자로 변신하는 기회를 잡았던 것도 사실이다.

　호랑이를 잡으려면 호랑이 굴로 들어가란 말이 있다. 관용적인 이 속담에서도 우리는 깨달음의 단초를 얻을 수 있다. 호랑이 굴이 오히려 안전한 쉼터가 될 수 있다는 역설이다. 아무리 힘들어도, 앞이 캄캄하기만 한 경제불황이 주변을 휩쓸고 있다고 해도, 냉정하게 내 앞으로 밀려오는 세상을 직시해야 한다. 그리고 그런 고난의 시기를 극복하며 오히려 큰 부를 이룬 이들이 선택했던 전략과 지혜, 의지를 금과옥조로 삼아 걸어나간다면 다가오는 미래가 분명 어둡지만은 않을 것이다.

체인지업 경영

대기업이라고 해도 초인플레이션이라는 세계경제의 흐름과 점점 치열해지는 글로벌 경쟁구도의 파고로부터 벗어나기란 쉽지 않은 일이다. 그래서 대기업들도 세계경제의 조류에 맞추어 경영전략을 체인지업 한다. 경영은 일관성 있게 유지해야 하는 부분도 존재하지만 상황에 맞게 변화 관리해 주어야 생존력을 높일 수 있기 때문이다.

빈틈시장을 찾아내 억만장자가 된 사람은 유연하게 사회적 배경에 맞춰 물가상승에 대응할 수 있는 경영전략들을 수립했다. 그들은 경제혼란의 원인을 정확하게 파악하고 확실한 해결책을 만들었다.

문제는 경제혼란의 원인은 한 가지, 두 가지, 세 가지, 네 가지가 아니라는 것이다. 수많은 경제정책, 변화, 재해 등 모든 것이 휘몰아쳐 경제 상황을 혼란에 빠트린다. 모두가 우왕좌왕하며 갈피를 잡지 못하는 이런 혼란의 와중에서 바로 자신의 브랜드에 맞는 해결책을 마련하는 사람만이 살아남고 성공한다. 그리고 그 해결책이 꼭이나 천재들만이 찾아낼 수 있는 기발한 대책들도 아니라는 것이다.

예를 들어 공급업체를 다양화 하거나 생산 방식을 변경하고 대체하여 비용을 절감하거나 원가에 최대한 맞추어 보려고 노력하는 것들도 문제를 해결하기 위한 방편이다. 단지 현실을 직시하며 어떻게든 눈앞으로 닥쳐온 문제를 해결하고자 하는 의지가 무엇보다 중요한 것이다. 그런 의지가 해결책을 찾아낼 것이다.

고객과 끈끈한 관계 맺기

물가가 오르면 그만큼 높아진 가격 부담은 구매자가 책임져야 할 몫이 된다. 당연히 상품 구매에 부담을 느끼게 된 구매자는 지갑을 닫으려 한다. 하지만 이와 같은 초인플레이션의 경제 혼란 와중에서도 기회를 잡는 셀러들이 있다. 그들의 문제 해결력은 구매욕구를 참아야만 하는 구매자의 심리와 경제 환경에 대한 정확한 인식을 바탕으로 고객과 끊임없이 소통하는 데서 나온다. 고객과의 소통을 통해 고객의 니즈와 요구를 직접 들어보고 필요와 요구에 맞춘 제품과 서비스를 만들어 제공할 수 있게 되는 것이다.

상생의 기회를 찾는 사람

탁월한 셀러는 자신의 브랜드뿐 아니라 다른 사람 혹은 기업에 투자해 콜라보 판매를 진행함으로써 모두가 상생할 수 있는 기회를 찾는 사람이다.

경제 불황이 피부로 느껴지기 시작하면 대부분의 사람들은 경제에 대한 부정적인 판단기준을 내밀화 하게 되고, 소비와 투자에 소극적 태도로 바뀐다.

하지만 탁월한 셀러는 부정을 긍정으로, 경제 불안을 최대한 안정적으로 타고 넘어가기 위한 대책을 마련하는 데 모든 역량을 집중한다.

초인플레이션으로 물가는 오르고 내수가 침체돼 내수경기가 최악

일지라도 당신의 상품이 판매되지 않을 것이라 지레 생각하면 안 된다. 최대한의 가능한 모든 방법을 적용하고 누구의 것도 아닌, 아무도 사지 않을 것 같은 우주조차도 팔 수 있다는 긍정의 힘과 자신감으로 무장하고 이 책에 쓰인 모든 기술을 흡수하여 실행해야 한다.

상생의 기회를 찾는 사람은 협업을 통해 함께 일하는 것에 열려 있는 마음을 가지고 있다. 창의적이고 혁신적인 아이디어, 기술이나 제품 등을 발전시켜 나간다. 그리고 고객 및 파트너사와의 원활한 커뮤니케이션을 위해 상대방의 니즈를 이해하고 공감하며 문제는 해결하자고 한다. 그리고 우주라 할지라도 판매하겠다는 어마무시한 비즈니스 목표와 장기적으로 계획을 공유하고 지속적으로 실행하며 성장한다.

오직 고객이 우리 브랜드의 중심

항상 고객의 요구와 욕구가 지향하는 방향에 맞추어야 한다. 내 브랜드를 중심에 놓는 키워드로는 고객으로부터 구매를 이끌어 낼 수 없다. 고객을 중심에 놓는 브랜드 키워드, 판매전략을 갖출 때 비로소 매출 상승의 열매를 따먹을 수 있다. 즉 쉽게 말해 고객의 의견이 곧 성공과 직결되어 있는 것이다.

브랜드에 대한 종교적 충성심을 이끌어 내라

지속적인 매출을 가져올 수 있는 유일한 도구는 고객으로부터 얻은 신뢰다. 그렇게 하기 위해선 제품 및 서비스에 거짓이 섞여서는 안 된다. 잠시 잠깐 고객의 눈을 속일 수는 있겠지만 그건 영원히 망하는 길이다. 유일한 정답은 진실이다. 고객의 이익을 생각하면서 정보, 배송, 유통기한 등 모든 것을 정확하게 제시하여야 한다. 고객은 이러한 진실과 믿음을 갖게 되었을 때, 비로소 그 브랜드에 대한 신뢰를 갖게 되고 평생 충성고객으로서 그 브랜드의 신제품, 이벤트 행사에 적극적으로 참여하게 된다.

성실과 열정은 끝없는 발전의 베이스

성실과 열정은 성공의 베이스다. 사실 '성실'이란 말은 진부한 단어가 된 지 오래고, '열정'이란 단어 또한 그저 말로만 그치기 쉽다. 하지만 성실과 열정이라는, 감동을 불러일으키기 어려운 두 단어가 성공을 위한 핵심 베이스라는 건 부인할 수 없다.

그래서 필자는 "성실을 바탕으로 열정의 불씨를 꺼지지 않도록 태우라"는 말 따위는 하지 않겠다. 당연하기 때문이다! 성실과 열정을 땔감으로 끝없이 노력하는 것만이 발전을 나의 발전을 담보한다.

물론 성실과 열정만 있다고 성공할 수 있는 시대는 아니다. 정신을 차리기 힘들 정도로 빠르게 변화하는 시장의 흐름에 대해 공부하는 것은 물론이고 자신이 판매하는 제품에 대한 전문적인 기술에 대해서도 끊임없이 공부해야 한다. 셀러에게 지속적으로 발전하고 있는 마케팅전략에 대한 연구는 기본이다. 브랜드의 가치, 함께 하는 직원들의 개인적인 능력 또한 지속적으로 업그레이드 해야만 경쟁업체와의 경쟁에서 버텨내고 경쟁사에 비해 더 많은 강점을 가진 제품과 서비스를 제공할 수 있다.

고객은 끊임없이 발전하는 브랜드를 따라가고 싶어 한다. 따라서 성실과 열정을 베이스로 끊임없이 업그레이드해 가는 셀러라고 한다면 반드시 성공하게 되어 있다. 오랫동안 현장에서, 강의를 하면서 지켜보면서 체험한 경험을 통해 확신할 수 있었다.

돈기부여도 안 된 사람이 돈을 번다고?

'상위 10%'라는 말이 존재하는 이유는 '하위 90%'가 있기 때문이다.

'상위 10%'는 어떻게 만들어지는 걸까? 부모님으로부터 많은 유산을 많아 물려받았던 것일까? 물론 그럴 확률이 높다.

하지만 부모님으로부터 아무리 많은 재산을 물려받았다고 하더라도 '돈기부여'가 되어 있지 않다면 그 돈을 잃기까지 그리 긴 시간이 걸리지 않는다. 그에 반해 부모로부터 물려받은 돈을 지키고 더욱 키워내는 사람은 누굴까? 그는 다른 유산을 하나 더 물려받은 사람이다. 바로 '돈기부여'의 가르침이라는 유산이다. 그들은 돈을 굴릴 줄도 쓸 줄도 아는 사람들이다.

하지만 부모로부터 많은 유산을 물려받은 사람이 흔하겠는가? 우리들 대부분은 그런 행운아가 아니다. 그럼에도 별다른 유산 없이 '상위 10%의 부가'가 된 사람들이 있다.

그들은 어떤 사람들일까? 스스로 '돈기부여'를 한 사람들이다. 실패와 성공을 통해 깨달음으로 얻으면서 자신의 생각을 고치고 행동을 고치며 끝없이 '돈기부여'를 한 사람들이 돈을 벌어 부자가 된 사례는 수도 없이 많다.

당신이 이 책을 읽은 이유는 뭘까? 당연히 돈을 벌기 위해서다. 왜돈을 벌어야 하는가? 더 풍요로운 삶을 누리기 위함이다. 돈은 많은 것을 해결해 줄 힘을 가지고 있다는 걸 알고 있기 때문이다.

제대로 '돈기부여'가 되지 않았다면 원하는 매출을 올릴 수 없고, 원하는 삶의 목표도 이룰 수 없다. 어떻게든 돈을 벌어 풍요로운 삶을 살아가고 싶다는 목적지로 향하는 길을 찾기 위해 이 책을 집어든 당신에게 필자는 오늘 '당신이 성공할 수밖에 없는 딱 세 가지 돈기부여'에 대해 알려 주겠다.

돈기부여 3법칙

천만 원짜리 교육을 들어라

"성공을 하고 싶다면 롤렉스시계를 사라, 포르쉐를 사라"와 같은 메시지를 한 번쯤 읽어 보았을 것이다. 롤렉스시계를 보면서, 포르쉐를 타면서 자신이 성공한 사람임을 느끼고 성공한 사람처럼 행동하게 해 준다는 깊은 메시지가 담겨 있는 말이다.

성공한 사람처럼 느끼고 행동하는 것은 매우 중요한 일이다. 하지만 정작 자기 자신을 업그레이드하기 위한 투자를 하는 사람들은 더드물다.

필자는 7시간에 1,500만 원짜리 교육을 들었다. 워렌 버핏과 점심 한 끼를 먹는 데 수십억 원을 쓰는 사례도 있기는 하지만 1,500만 원도 결코 적지 않은 돈이다. 그런 돈을 눈으로 확인할 수도, 효과를 확신할 수도 없는 강의를 듣는 데 써야 할까? 결정을 내리기까지 수없이 고민을 해야 했다.

사실 1,500만 원짜리 강의를 듣고 울었다. 너무나도 별로라는 생각이 들었다. "사기를 당했다"며 이 책을 함께 쓰고 있는 '환희 작가'에게 전화를 걸어 펑펑 울었다.

결론을 말하겠다. 강의에 투자한 1,500만 원이 너무나도 아까워서 그다지 가슴에 와 닿지 않았던 강의 내용을 바탕으로 나 스스로를 개선하고 성장하고자 노력에 노력을 더 했다. 나를 위해, 내가 걸어가야 할 밝은 미래를 위해, 롤렉스시계나 페라리처럼 눈에 보이지는 않지만 그보다 더 큰 가치를 가진 무형의 자산을 사기 위해 1,500만 원을 투자한 것이라고 생각했다. 그러다 보니 "나는 소형차 한 대를 살 수 있는 거액을 들여 나를 업그레이드하는 데 투자할 수 있는 사람"이라는 자부심도 생겼다. 망한 교육이라고 생각했던, 사기를 당했다고 생각했던 그 강의가 나를 키우는 '재료'가 된 것이다.

성공한 사람들은 늘 자기 자신보다 더 현명한 이들을 찾아가 멘토링을 받고, 고액의 가입비를 내야 하는 독서클럽에 가입해 자신을 업그레이드하는 데 돈을 아끼지 않는다. 손목에 채워져 화려함을 자랑하는 롤렉스시계와 페라리와 같은 차원 낮은 우월감을 채우기 위함이 아니라 자신의 내공을 쌓기 위해 비싼 강의를 듣는다. 왜? 자신의 가능성을 믿기 때문이다.

강의료가 비싸다며 자신을 업그레이드하는 데 투자하지 않는 사람들의 특징은 자신을 믿지 않는다는 데 있다. 그러니 눈에 보이지도 않는 내면의 능력, 내공을 쌓는 데 피 같은 돈을 쓸 리가 없는 것이다.

성공하고 싶은가? 자신을 믿어라. 투자하면 반드시 두 크게 성장해 투자한 것보다도 더 크고 단 열매를 거둘 수 있는 힘을 가질 수 있다고 자신에 대한 믿음을 주어라. 반드시 7시간에 1,500만 원짜리 강의를 들어야 할 필요는 없지만 자신을 업그레이드하고 성장시키는 데 대한 투자를 아까워하지 말라. 롤렉스시계는 도둑맞을 수 있고 페라리는 한 순간의 사고로 폐차장으로 가게 될 수도 있지만 나의 내면에 쌓은 내공은 누구도 훔쳐갈 수 없고, 결코 사라지지도 않는다.

리스크보다 더 큰 사람이 되어라

실패한 사람들의 특징 중 하나는 리스크에 집중한다는 것이다. 유무형으로 다가오는, 다가올 가능성이 있는 리스크를 회피하는 데 집중한다. 반면 성공한 사람들은? 그들은 리스크를 해결할 수 있는 능력을 키우는 데 집중한다.

가벼운 예로서, 만약 스노우보드를 배운다고 해보자. 두려움에 굴복해서 보다 난이도가 높은 코스에 도전하지 않는 사람이 비기너 슬로프에서 벗어날 수 있을까? 반면 위험에 굴복하지 않는 사람은 보다 높은 상급자코스에서 부딪치게 될 문제해결 능력을 키우기 위해 연습을 멈추지 않는다. 그래야 자신이 원하는 상급자 코스에서 멋지게 보딩을 즐길 수 있으니까 말이다.

리스크를 관리하는 대신 언제든지 다가올 수 있는 리스크를 해결할 수 있도록 능력을 키워가는 사람으로 자신을 자리매김한다면 당신은 반드시 성공한다.

리스크에 굴복하지 않고 그 리스크를 극복하면서 더 크게 성장하는 사람이 되기 위해서는 먼저 긍정적인 태도가 우선이다. 위기 상황에서 리스크를 부정적인 시각으로 바라본다면 그 마침표는 '실패라는 이름'일 것이다.

반면 긍정적인 태도로 리스크를 본다면 어떨까?

오로지 눈앞의 리스크를 해결하기 위한 방법을 찾는 데 집중하게 된다. 그렇게 리스크를 해결할 방안을 찾아내면서 성공이 따라오고 그런 성공이 중첩되면서 자신의 능력과 가능성에 대해 믿음을 갖게 될 것이다. 그리고 앞으로의 도전과 변화에 두려움을 느끼는 대신 혁신적인 생각과 행동을 통해 복리이자가 쌓이듯 성공을 가져오게 될 것이다.

우주가 사랑하는 사람

필자는 '우주가 사랑하는 사람'이라는 말을 좋아한다. 아주 많이.

'우주'는 무엇일까? 대부분의 사람들이 생각하는 우주는 천문학에서 등장하는 무한의 공간일 것이다. 하지만 필자는 인류가 믿는 신과 같은 개념으로 우주를 바라본다. 하나님을 믿는 사람, 부처님을 믿는 사람, 알라를 믿는 사람, 그 이외에 사람들과 함께 하는 어떤 신이어도 좋다. 당신이 믿고 있는 신을 필자는 이 책의 공통 언어로 '우주'라고 표현하겠다. 내가 믿는 신, 곧 우주가 사랑하는 사람은 생각하는 대로, 말하는 대로, 내가 원하는 대로 이루어지도록 해 줄 것이다.

하지만 거기에는 단서가 있다. 바로 우주가 나를 사랑할 수밖에 없도록 행동해야 한다는 것이다.

우주가 나를 사랑할 수밖에 없는 행동 원칙

자신의 내면에 있는 진정한 본질을 이해하고 알아가는 것이 먼저다.

자신의 본질을 이해하는 것은 우주를 이해하는 것과 같다. 그러니 우주를 이해하기 어려운 것처럼 자신의 내면에 대해 올올히 이해하고 깨닫는 것 역시 쉽지 않다. 긴 시간 동안 끊임없는 노력이 필요하다.

여기서 자신의 내면에 있는 진정한 본질에 대해 이해하고 알아가기 위한 효과적인 방법을 알려 주겠다.

나의 본질을 찾는 명상

스티브 잡스, 오프라 윈프리, 휴 잭맨, 마돈나, 박찬호, 이효리…. 이들의 공통점은 '명상'이다. '매일 하는 샤워처럼 명상을 한다'는 배우 휴 잭맨은 말했다. "명상하는 중에 나는 배우도, 아버지도, 남편도, 휴 잭맨도 아니다. 모든 것의 근원에 잠시 몸을 담글 뿐이다."

사실 명상은 생각보다 우리 가까이에 있다. 명상의 이로움은 뇌과학, 신경학, 심리학, 의학 분야에서 과학적으로 속속 증명되고 있으며, 의료·교육·스포츠·비즈니스 영역으로 그 영향력이 점차 확대되는 추세이다. 성공자들의 행동 특성에서 빠지지 않는 습관 중 하나가 바로 명상이다. 그들은 명상을 통해 자신의 내면을 관조하면서 몸과 마음의 움직임을 느끼고 내면에 숨어 있던 자신의 잠재력, 가치에 집중함으로써 보다 나은 삶의 길을 찾아낼 수 있었다.

실제로 명상의 효과에 대한 증언, 과학적 연구는 이미 많다. 오랜 세월 동안 명상을 해온 사람들은 "명상은 피로감을 줄여 주고 생각도 명료하게 해 줄 뿐만 아니라 불안감 및 스트레스를 더 잘 극복할 수 있도록 도와 준다"고 증언한다. 이것은 명상이 모호한 종교적 체험과 같은 비과학적 정신행위라기보다 실제적으로 우리 몸과 마음에 작용해 자신의 본질을 깨닫고 알아가는 데 유용한 도구가 될 수 있다는 점을 알려 준다.

이승호 국제뇌교육대학원 교수는 『나는 120세까지 살기로 하였다』에서 이렇게 말했다.

"나는 자기의 의미와 가치를 알기 위해서는 '나는 누구인가' 물어야 한다. 그래서 참나를 만나야 한다. 참나는 영혼이다. 영혼은 우리

안에 숨 쉬고 있는 생명에너지, 바로 존재의 본질이다. …… 생명에너지 영혼을 느끼기 위해서는 먼저 기氣 에너지를 느낄 수 있는 감각을 회복해야 한다. 우리 조상은 그것을 지감止感 명상이라고 하였다."

명상은 "나는 누구인가?"라는 의문에 대한 답을 찾기 위함이며, 세상을 향한 눈길을 내면으로 돌려 자신이 누구인지를 묻는 것이다. '나는 누구인지를 묻는 것'이야말로 명상의 출발이자 도착점이 될 것이며, 자신의 본질을 이해하고 깨닫는 데 명상의 효용이 있다.

일기를 쓰는 습관을 들여라

아주 쉽게 시작할 수 있지만 꾸준히 해 나가면서 습관으로 붙이기 어려운 것이 바로 일기 쓰기다. 일기는 자신의 생각과 감정을 글로 적어 가며 자신의 내면을 객관적으로 인지하게 되는 가장 좋은 방법이다. 자신이 하는 선택, 결과의 흐름을 볼 수 있으며 객관적으로 자신에 대해 이해할 수 있는 유용한 방법이 되기도 한다.

또 하나의 장점이 있다. 현실적 성공을 위한 큰 무기 중 하나라고 할 수 있는 글쓰기 능력을 키우기 위한 실전 비무比武로서도 큰 효용이 있다는 것이다.

일기 쓰기, 반드시 습관화 하도록 하자.

10분 셀프타임

하루에 10분이라도 나를 위한 시간을 갖도록 하자. 커피 한 모금을 마신다고 해도 내가 좋아하는 커피를 선택하고 예쁜 잔에 마시는 것이다. 나에게 집중하고 나를 사랑하는 시간을 가지는 것이다. 자신을 사랑하는 사람이 타인을 사랑할 줄 알게 되는 것처럼 내 자신을 사랑해야 우주를 사랑할 수 있다.

자기 확신을 입으로 말하라

사랑하는 사이에 가장 중요한 것은 '믿음'이다. 우주가 이루어 줄 거라고 믿고 말하는 거다.

심리학에도 '내면거울 심리'라는 것이 있다. 자신의 내면을 반영하는 것이다. 내가 처한 환경적 속에서 자신의 행동, 감정, 생각들이 내면 어디서부터 온 것인가를 점검하는 것이다.

내면거울을 통해 자신의 감정과 행동을 관찰하면 내가 왜 그런 감정과 행동을 했는지 이해하게 되는 자기 성장을 이루고자 하는 심리학적 접근 방법이 있다. 이것을 비롯하여 "나는 상품을 잘 파는 사람이 된다." "소비자들은 내 물건에 대한 만족도를 느낀다." "재구매율이 높아진다." "나는 건강하다." "돈이 따라온다." "나는 행복한 사람이다." "나는 부자가 될 수밖에 없는 사람이다." 라고 확신을 가지고 암시를 준다면 좋아지는 내면만큼 외부의 상황도 좋아진다.

확언은 자기인식 훈련이다. 자기인식을 하는 것은 우주를 인식하게 되고 우주와 내가 서로를 인식하면 사랑할 수밖에 없게 된다. 그렇게 되면 우주는 완벽히 나를 돕는 파트너가 되는 것이다. 신이 나를 도우니 겁날 것이 없다.

성공은 용기의 문제

용기는 두려움과 절망감의 반대 방향으로 작동한다. 용기는 단순히 두려움과 절망감에 맞서기만 하는 게 아니라 두려움과 절망감을 몰아내는 것이다. 용기를 내기만 하면 상상하는 것 이상의 결과가 생긴다. 사람들이 이룩한 성취는 대부분 그들 내면으로부터 작동한 용기가 만들어 낸 결과일 뿐이다.

대부분의 사람들은 처음부터 성취할 수 있는 일만 시도한다. 안전하고, 목표 역시 실패할 가능성이 적은 데 둔다. 그들은 신뢰나 명성 또는 자기 권위를 잃을까봐 실패를 두려워하고 불가능한 일은 거들떠 보지도 않는다.

하지만 용감한 사람은 아무도 가 보지 않은, 그리고 가기 싫어하는 '불가능한' 길을 선택한다.

여성 창업가로 교육이라는 눈에 보이지도 않는 지적 자산으로 돈을 벌겠다고 시작했을 때 많은 사람들이 이렇게 말했다. "그게 돈이 되겠어?"

아이를 돌보지 않고 아이 엄마가 나가 돈을 제대로 벌지 못할 때 감수해야 할 손실에 대해 주로 이야기했다. 무서웠다.

하지만 용감하게 시작한 트윙클 스피치 교습소는 교육회사 트윙클 컴퍼니로 성장했다. 트윙클 컴퍼니에서는 많은 강사가 양성되고 있으며 오늘도 트윙클의 교육을 찾고자 하는 사람들의 러브콜을 받고 캘린더가 빼곡해 졌다.

지금 현재 우리나라뿐만 아니라 세계가 고물가로 인한 소비심리 위축으로 2023년 1분기 유통업계 실적이 급락했다. 젊은 '명품족'이 몰려들면서 코로나-19 팬데믹의 공포 속에서도 꺾일 줄 몰랐던 백화점 실적이 크게 떨어졌을 뿐 아니라 슈퍼마켓, 편의점 등 서민 유통채널도 불황의 파고에서 벗어나지 못하고 있는 실정이다. 먹고 입는 데 쓰는 것조차 아끼는 '불황형 소비'가 굳어져 부진의 늪에 빠진 모습을 보이고 있는 것이다.

경제불황의 공포가 피부를 찔러오는 현실에서 많은 사람들이 절망에 빠지고 미래에 대한 두려움과 좌절을 겪고 있다. 하지만 용기를 내야 할 때다. 부정적인 인식을 거둬 내고 '반드시 성공할 수 있다'는 확신을 공고히 하는 용기가 필요한 시점이다. 좌절해 주저앉으면 그걸로 끝이다. 최후에 승리한 사람은 결국 용기 있게 버티며 싸운 사람이기 때문이다.

최고의 셀러가 되기 위해서는 무엇보다 용기를 내야 한다. 태생적으로 겁이 많을 수도 있지만 부족하면 부족한 대로 해내고야 말겠다는 '용기'를 짜내야 한다. 용기는 "우주도 팔 수 있다!"는 자신감으로 우리의 내면을 가득 차게 만들고 그 자신감은 실제로 우주도 팔 수 있을, 잠재되어 있던 능력을 발휘하도록 만들 것이다.

당신은 이 책을 읽어오는 동안 최면에 걸렸다. 당신은 이제 "우주도 팔 수 있다"는 용기와 자신감으로 충만해졌다. 최고 셀러로서의 마인드, 잠재된 능력 그리고 행동력으로 무장하게 되었다.

이제 당신이 팔고자 하는 것이 우주일지라도 팔 수 있을 것이다.

당장 매출 확 오르는 상품판매 솔루션

우주도 파는 셀러의 기술

지은이 박비주·서환희·육은혜
발행일 2023년 10월 6일
펴낸이 양근모
펴낸곳 도서출판 청년정신
출판등록 1997년 12월 26일 제 10-1531호
주 소 경기도 파주시 경의로 1068, 602호
전 화 031) 957-1313 **팩스** 031) 624-6928
이메일 pricker@empas.com
ISBN 978-89-5861-234-6 (13320)